Doce deleite

Alcione Araújo

Doce deleite

CIVILIZAÇÃO BRASILEIRA

Rio de Janeiro
2009

COPYRIGHT © Alcione Araújo, 2009

FOTOS DE CAPA
Camila Morgado e Reynaldo Gianecchini em cena
da peça *Doce deleite*.

FOTO DE
Guga Melgar

PROJETO GRÁFICO DE MIOLO
Evelyn Grumach e João de Souza Leite

A editora agradece aos atores Camila Morgado e
Reynaldo Gianecchini a gentileza de concederem entrevista
para este livro e autorizarem o uso de suas imagens na capa.

CIP-BRASIL. CATALOGAÇÃO-NA-FONTE
SINDICATO NACIONAL DOS EDITORES DE LIVROS, RJ

Araújo, Alcione, 1945-
A687d   Doce deleite / Alcione Araújo. – Rio de Janeiro:
Civilização Brasileira, 2009.

ISBN 978-85-200-0901-7

1. Teatro brasileiro (Literatura). I. Título.

09-4353

CDD: 869.92
CDU: 821.134.3(81)-1

EDITORA AFILIADA

Texto revisado segundo o novo Acordo Ortográfico da
Língua Portuguesa.

Todos os direitos reservados. Proibida a reprodução,
armazenamento ou transmissão de partes deste livro, através
de quaisquer meios, sem prévia autorização por escrito.

Direitos desta edição adquiridos pela
EDITORA CIVILIZAÇÃO BRASILEIRA,
um selo da
JOSÉ OLYMPIO EDITORA
Rua Argentina 171 – 20921-380 – Rio de Janeiro, RJ
– Tel.: 2585-2000

PEDIDOS PELO REEMBOLSO POSTAL
Caixa Postal 23.052 – Rio de Janeiro, RJ – 20922-970

Impresso no Brasil
2009

Sumário

Apresentação 7
Primeiro Quadro — A alma do teatro 17
Segundo Quadro — Sonhando com cabras 25
Terceiro Quadro — A voz do dono 45
Quarto Quadro — A luz da estrela 51
Quinto Quadro — O palhaço nu 55
Sexto Quadro — Maiores são os poderes de Deus 83
Sétimo Quadro — A culpa é do figurinista 87
Oitavo Quadro — Adeus, para sempre, adeus 91
Nono Quadro — Conversa de camarim 99
Décimo Quadro — A tese do Dr. Noham Freud 105
Décimo Primeiro Quadro — Conselhos domésticos 111
Décimo Segundo Quadro — Amor, senil amor 115

Entrevista com Camila Morgado 129
Entrevista com Reynaldo Gianecchini 147

Apresentação
Doce História do Deleite

Alcione Araújo

Quando começaram as cogitações para eventual remontagem de *Doce deleite*, em 2008, não me surpreendi, embora sejam raríssimas as peças brasileiras remontadas 30 anos após a estreia. Sempre surgiam propostas de fazê-lo, as quais sempre recusava, na expectativa de vir liderada por diretor que amasse mais a criação dos atores que os efeitos cênicos. Como dirigi a primeira montagem, que ficou quase quatro anos em cartaz, pude assistir a incontáveis apresentações, anônimo na plateia, junto dos espectadores. O espetáculo era muito comunicativo, provocava gargalhadas sucessivas e certas passagens levavam o público ao delírio — homens ou mulheres, jovens, adultos ou idosos. Lado a lado com eles, observava como reagiam, a que reagiam, em que momentos reagiam. Talvez, por isso, tenha guardado o sentimento de que o seu humor não se prenderia às circunstâncias em que foi escrita e encenada, como costuma acontecer com muitas comédias. Fiz apenas uma sugestão ao Eduardo Barata, o produtor que me propôs a remontagem de 2008: que fosse dirigida por alguém com especial dedicação e sensibilidade para o trabalho dos atores, suscetível às peculiares nuances interpretativas da comédia. Aos meus olhos, a peça, na sua singeleza, não comporta arroubos espetaculosos de encenação, porém, é de caprichosa dependência do virtuosismo cômico do par de atores, com o desafio adicional da multiplicidade e da diversidade dos tipos a representar. Marília Pêra foi o nome certo para dirigir o novo espetáculo. Foi dela a ideia de convidar Reinaldo Gianecchini e Camila Morgado — desse trio resultou o atual sucesso, 28 anos depois da estreia.

Doce deleite foi escrita em 1980-1981. O clima era de animação com o retorno dos exilados políticos; respirava-se alguma esperança, e a liberdade parecia à mão. A cidade começava a reencontrar sua alegria, e os dias magníficos daquele verão elevaram o humor. Para dar ideia do que ia então pelo mundo, a nave *Columbia* fizera seu primeiro voo; a IBM lançara o primeiro PC; o ator Ronald Reagan fora eleito presidente dos Estados Unidos e François Miterrand, da França, e o príncipe Charles ficara noivo da Lady Diana. Nas telas assistíamos às proezas de *Indiana Jones e os caçadores da arca perdida*, à adaptação de *Bonitinha, mas ordinária*, de Nelson Rodrigues, e à *Quixote, a lei do mais fraco*, do Babenco. Líamos *Eu, Christiane F., 13 anos, drogada e prostituída* e *O analista de Bagé*, de Luis Fernando Veríssimo. A TV Globo exibia a novela *Brilhante*, e nascera o SBT. Na política, a 2ª Junta Militar Argentina tomara posse e, no Brasil, a ditadura agonizava... mas ainda não morrera. De plantão na Presidência da República estava o General Figueiredo — aquele que preferia o cheiro dos cavalos ao dos homens e ameaçava prender e arrebentar os contrários à abertura política lenta, gradual e segura, contra a qual bombas explodiam na Câmara dos Vereadores, na OAB, no Riocentro — esta, no show do Dia do Trabalho, com 20 mil espectadores, matou e feriu os militares que a manipulavam. Os que queriam ressuscitar a ditadura agiam nas sombras contra os que pretendiam devolver ao povo sua nação. A esperança convivia com o medo. E enquanto há esperança, o humor é uma forma de enfrentar o medo.

Doce deleite seria uma comédia, a ser representada pela dupla Marília Pêra-Marco Nanini, sob a minha direção. Como queria utilizar vários gêneros e estilos, pedi a diversos autores que escrevessem esquetes, sem compromisso, e selecionamos alguns entre os que recebemos. Dos 12 quadros, oito eram de minha autoria. O *Doce deleite*, publicado no volume 3 do *Teatro de Alcione Araújo* (Ed. Civilização Brasileira, 3 volumes, 1999), é integralmente de minha autoria e inclui novos quadros, em substituição aos de outros autores, assim como o da presente edição em separado, no qual fiz algumas pequenas mudanças.

A primeira montagem de *Doce deleite* estreou em 1981, com Marília Pêra e Marco Nanini, no Teatro Vanucci, no Rio de Janeiro, para incerta e precária temporada, com espetáculos apenas às sextas-feiras, e à meia-noite. Ainda não se instituíra o horário alternativo, ou maldito, ou *cult,* como mais tarde veio a se chamar o horário não convencional. Era o único possível, pois a Marília e o Nanini estavam em outro espetáculo, *Brasil da censura à abertura*, coletânea de tipos, situações e frases do anedotário político brasileiro, dirigido por Jô Soares, em cartaz de terça a domingo no Teatro da Lagoa. Marília já era uma estrela, e Nanini avançava rapidamente para se tornar o astro que é hoje. Donos de extraordinário talento, tinham brilho próprio, confirmado pelos trabalhos realizados — ainda não surgira a celebridade opaca, que, para ser vista, está sempre à frente dos flashes da imprensa. Desde a estreia de *Doce deleite*, toda sexta-feira, mal acabava o espetáculo na Lagoa, os dois saiam às pressas até a Gávea, metiam-se em novos figurinos e maquiagens e voltavam ao palco, agora do Teatro Vanucci, para o segundo, e completamente diferente, espetáculo da noite. Ambos envolviam o humor — que requer dom de comediante, mais exigente que o de ator —, a dança — a que raros atores se habilitam —, o canto — de ainda mais raros —, além das várias trocas de figurinos e mudanças de maquiagens. Tudo numa mesma noite era exaustivo, mas a dupla esbanjava tamanha disposição e alegria para trabalhar, que só o prazer de representar pode explicar. Ao dirigi-los, aprendi muito com esses dois bruxos sobre a magia de representar, o rigor do teatro e a disciplina da profissão. Minha gratidão é infinda.

Doce deleite, com a singela intenção de homenagear o teatro como a mais remota arte de representar, utiliza diferentes formas do mesmo gênero: a comédia. Com um par de atores, que se desdobram em vários papéis, quer celebrar um tipo singular de artista cuja criação dá vida, corpo, voz, feições e emoções a entes que não existem, assim como aos que existem nos bastidores, mas que parecem não existir, porque nunca vêm ao palco, como contrarregras e bilheteiros. O ator e a atriz prometem revelar os mistérios da caixa de ilusão — o palco —, mas, na verdade, cenários, luzes e figurinos apenas douram o mistério maior, a magia mais sutil, a essência do encantamento do teatro: eles próprios, o ator e a atriz — a um só tempo, criador e criatura com os nervos expostos ao público, num estremecimento intenso e efêmero. Essa estranha arte gasta a vida do artista no absurdo e generoso exercício de, sem deixar de ser quem é, ser outro, ou outros. Exposto e frágil, ele, como queria Shakespeare, "gagueja e vacila sua hora sobre o palco" e, no final, sente-se recompensado com um singelo aplauso. Seu trabalho merece a homenagem porque nos ajuda a entender o que somos e até quem somos. Que, ao ler, você usufrua esse *Doce deleite*.

Será como se a gente tivesse invadido os camarins e devassado a privacidade da dupla, desvelando os truques da metamorfose, a preparação, as trocas de figurinos, maquiagens, adereços, apliques, até as conversas vadias nas coxias durante os intervalos. Mas você vai ver que conhecer os truques só aumenta o mistério da magia que circula na trindade: gente imitando gente para gente ver. O mistério do teatro está na gente.

Eis que surge a ideia de a própria Marília dirigir. Era tudo o que eu poderia querer. Difícil alguém mais apaixonada pelo que faz — e o faz genialmente. Além de amiga querida, confio cegamente na intuição da mulher, que, sendo mãe e atriz, sabe tudo sobre criação de vidas. Topei na hora, sem temores nem apreensões, com a consciência feliz. Não fui a ensaios, não participei de reuniões de criação, não dei palpite; não por indiferença — imagina! —, mas por serena confiança. Às vezes, ela ligava, comentava por alto, quem sabe até para fustigar a minha curiosidade. Eu ouvia com interesse e tranquilidade, certo de que tudo ia bem.

Só assisti ao ensaio quando o espetáculo estava quase pronto. Depois, fui a um ensaio aberto, ao qual assisti no escuro junto do público, que é lugar de autor. Iluminados, Gianecchini e Camila irradiavam o prazer e a alegria de representar: vivos, ativos, presentes, cantando, dançando e representando, descontraídos e carinhosos um com o outro, divertindo-se e trabalhando, como deve ser com todo artista, num clima em si contagiante. Um cenário que se transforma sutilmente a cada cena, iluminação com belas transições, figurino sofisticado e criativo, música jovial e comunicativa e, nos mínimos detalhes, a produção cuidadosa, competente, profissional. Eu me diverti tanto quanto a plateia, que dava pulos na cadeira, de tanto rir. Confesso até que, aqui e ali, senti, tantos anos depois, uma ponta de orgulho de tê-la escrito. Valeu a pena esperar pela doçura deste deleite.

A direção tem humor vivo e exuberante, com refinamento e nuance, numa moldura de encantamento, como uma delicada caixinha de música. É um presente à minha peça, que conheço nas entranhas — o qual agradeço. O espetáculo realiza em plenitude a homenagem aos artistas da representação: nas fotos dos grandes atores brasileiros exibidas no palco, estão, por merecimento e justiça, a avó, o tio, a mãe e o pai de Marília Pêra. Peço licença para me levantar e aplaudir toda a iluminada dinastia dos Pêras, em nome dos artistas de todos os tempos.

BISCOITOS E PIRÂMIDES

Alheio ao carnaval, permito-me um papo com amigos no pacato restaurante da vizinhança — são dias perfeitos para pôr a conversa em dia. Estávamos, como sempre, discutindo o sexo de serafins, querubins, anjos e arcanjos, quando irrompe, eufórico e carnaválico, Bernardo Sabino, filho do querido e inesquecível Fernando. E convida-nos para a exposição sobre a vida e a obra do escritor mineiro, no Palácio das Artes. Justa e merecida homenagem, a ser prestigiada e aplaudida.

Lembro as apreensões do Fernando sobre o futuro do filho — sina de pai num mundo de incertezas —, e agora acho que, onde estiver, deve se sentir tranquilo e recompensado por ver Bernardo cuidar da sua obra com dedicação e orgulho.

De volta a casa, atraso um pouco a retomada do trabalho no romance e pego ao acaso um título do Fernando — "afetuosa lembrança com o fraterno abraço"; deparo com a pérola *Biscoitos e pirâmides*, crônica que foi *leitmotiv* de nossas saborosas gargalhadas, inclusive na reunião do seu último aniversário:

Guimarães Rosa telefona a Fernando e, na conversa, quer saber o que ele está fazendo. Fernando diz que está adaptando uma crônica para o teatro. E Rosa o aconselha com carinho:

— Não faça biscoitos: faça pirâmides.

Fernando entende o recado: biscoito é pequeno e desprezível, pirâmide é gigantesca e monumental; biscoito é efêmero, pirâmide é eterna. Sob o impacto, abandona a adaptação e sente-se esmagado pelo conselho do autor de *Grande sertão-veredas* e *Corpo de baile* — sem dúvida, duas pirâmides.

Passa a sonhar, então, com um ambicioso romance, vasto painel da sociedade e da vida contemporâneas, gigantesco, piramidal — a sua pirâmide! Logo abandona a ideia — sua pirâmide se esfarelava em sucessivos biscoitos — e conclui que nem só de pirâmides vive a literatura. E lista autores de pirâmides e biscoitos ao longo da história, divertindo-se com alguns modernos: Graham Greene produz seguidos sucessos com biscoitos; Joyce erigiu monumental pirâmide; Kafka revolucionou com biscoitos; Melville fez uma pirâmide do tamanho de uma baleia, e Hemingway ganhou o Nobel depois de escrever sua obra-prima, *O Velho e o mar* — um biscoito. Nos nossos encontros, era diversão listar novos quituteiros e construtores de pirâmides. Nem sempre concordávamos: ele achava que Shakespeare repetira os egípcios, e construíra gigantesca pirâmide no deserto; "teatro é feito de areia", me provocava. Eu ria, sem acreditar que ele acreditasse naquilo.

Na crônica, Fernando conclui que Rosa tinha razão: "Biscoito pode ser gostoso, principalmente ao café pela manhã, mas bem que deve ser glorioso erguer uma pirâmide, para que, do alto, 40 séculos nos contemplem."

Os tempos mudaram, Fernando Sabino e Guimarães Rosa não estão mais por aqui. Não se constroem mais pirâmides, e biscoitos industrializados têm, todos, o mesmo sabor. Não há mais sequer quem aprecie pirâmide — antiga, opaca e distante ante o frenesi de luzes e cores da televisão — ou biscoito — porque biscoito engorda. Napoleão, que falou em pirâmides e 40 séculos de contemplação, já não estava na época deles. E como já se anunciou que o mundo, do jeito que vai, acaba antes de 40 séculos, só haverá o nada a contemplar — e ninguém para contemplar o nada.

Esse tom apocalíptico é de quem quer fazer de biscoito, pirâmide. Eu, que não brinco carnaval, não faço pirâmide nem biscoito, ainda tenho o privilégio de poder extasiar-me com pirâmides e deliciar-me com biscoitos. Até o fim do mundo, ou o meu fim — o que vier primeiro.

Primeiro Quadro
A alma do teatro

Vindo da coxia, o CONTRARREGRA *entra em cena empurrando um cubículo onde se lê: "Bilheteria." No centro do palco, ele ajeita o cubículo na posição correta e fala diretamente ao público.*

CONTRARREGRA
Boa noite, ou boa tarde, conforme a hora do espetáculo. *(Noutro tom)* Acho essa fala esquisita, mas foi isso que o autor escreveu. Quer ver? A minha parte, eu ando sempre com ela aqui, no bolso. *(Continua falando enquanto procura nos bolsos)* É que leio todo dia antes de entrar em cena. *(Está nervoso, atrapalha-se)* Fazer a primeira cena dessa peça, sozinho no palco, sem ser ator, é foda. *(Dando-se conta do palavrão)* Desculpa, desculpa. *(Para os bastidores)* Desculpa, gente. Saiu sem querer. Escapou. *(Noutro tom)* Eu sou o contrarregra. *(Parece ouvir algo na plateia. Fixa-se em alguém)* O quê??? Nãããão! Vai fazer a velha piadinha? Que falta de imaginação! E de humor também! Pra você tirar logo isso da cabeça, eu mesmo conto. Já ouvi tantas vezes que nem ligo mais. *(Sem graça. Entediado)* Eu, o contrarregra, sou conhecido por alguns como o Modess, por outros como o Sempre-Livre. O que sempre está no lugar certo na hora errada. *(À pessoa da plateia, entediado)* Satisfeito? *(Reanima-se)* Esse papel que

estou fazendo aqui é de eu mesmo. Quer dizer, eu não sou artista nem estou criando nada. Eu sou isso que vocês estão vendo. Gostei do começo dessa brincadeira porque parecia que eu era artista. (*Mais íntimo*) E, vez ou outra, eu saía para jantar misturado no bolo e sempre sobrava alguma tietezinha mais assanhada, que se deslumbrava com o galã aqui. E eu, modestamente, papava. (*Filosófico*) Porque, cá entre nós, a única coisa que interessa mesmo na merda dessa vida é comer alguém. (*Dá-se conta*) Desculpa, gente. Desculpa. Falei merda. (*Para os bastidores*) Desculpa aí, gente. Saiu sem querer. (*Noutro tom*) Mas tinha gente que achava que eu era um grande artista porque convencia todo mundo de que era um mau ator. Entenderam? Achavam que eu era ótimo porque fazia mal o papel de eu. Como não sou artista nem há criação alguma em arrastar essa bilheteria até aqui, e dizer meia dúzia de abobrinhas pra vocês, descobri que vocês riem é de mim mesmo. Da minha pessoa própria. (*Pausa*) Como estão rindo agora. (*Pausa*) Do que é que vocês riem? (*Pausa*) — Eu não me importo que vocês riam. Até agradeço. Esse riso tem sido a minha salvação. Eu ganho um troco a mais enquanto vocês rirem de mim. Viajo pelo país, me divirto, e volta e meia cai alguma comidinha nos meus braços. Um contrarregra pode querer mais? (*Pausa*) Ihh, onde é que eu tava mesmo? (*Tenta se lembrar*) Que que eu deveria dizer agora? Santo Deus, me perdi. (*Silêncio embaraçoso e aflitivo*) Bem... essa peça é... essa peça... está em cartaz há dois anos. E há dois anos que leio, diariamente, a minha parte, antes de entrar no palco. Minha memória é brabeira. É problema de... como é mesmo o nome? Daqueles negocinhos que a gente tem na cabeça? (*Pausa*) Neurótico! Não, não, neurótico é quando o cara não tá entendendo nada, sabe que não tá entendendo e, mesmo assim, briga com todo mundo que entendeu diferente dele. (*Lembra*) Já sei! É neurônio! Dizem que toda pessoa tem zilhões de neurônios na cabeça. Mas o pessoal aqui da peça diz que eu só tenho dois. E um tá com mau contato. Eles dizem que o álcool queima os neurônios. O pior é que eu adoro queimar neurônio. Todo dia torro uma porrada. Perco o juízo, as ideias escorregam, só consigo pensar numa mesma coisa e a cabeça fica enfumaçada com a fogueira de neurônio. Mas relaxa, me deixa contente, meio besteirão, achando graça em tudo. (*Pausa*) Burro ri de alegre. (*Tira do bolso um papel amarfanhado*) O que é isso? Ah, é a minha parte! (*Começa a desamassar o papel*) Será que é a minha parte ou o bilhete da... (*Num tom confidencial*)... a bilheteira me mandou um bilhete. Diz que tá apaixonada por mim. Mas eu disse que só acredito se, hoje, quando a gente subir no alto do urdimento, e eu mostrar pra ela a vara... — vara de luz, gente! — ela me mostrar o tamanho da paixão dela. Se tudo der certo, hoje a gente esfrega os "bom-bril" lá nos altos do urdimento. (*Dá-se conta*) Desculpa, desculpa! (*Para os bastidores*) Desculpa aí, gente. Vocês pediram tanto pra eu ser espontâneo aqui, no palco, que eu já me sinto na sala lá de casa. Qualquer hora chego no banheiro. (*Baixo, temendo ser ouvido nos bastidores*) Não disse que sempre sobra alguma comidinha? (*Acaba de desamassar o papel*) Ah, é a minha parte! (*Lê*) Tá escrito aqui: contrarregra. (*Ao público*) Contrarregra é o que eu sou, vocês já sabem. (*Lê*) Contrarregra. Tracinho. E, adiante do tracinho, o que eu devo dizer: Boa noite. Aí, tem um parêntese e, em seguida, tá escrito: ou boa tarde, vírgula, conforme a hora do espetáculo, ponto e fecha o parêntese. Não é esquisito? Mas, fazer o que, se o autor é confuso. Já me avisaram que eu não tenho que fazer pergunta nem querer entender tudo.

Tenho que fazer só o que me mandam. E fazer com espontaneidade. Mas quero dizer que mesmo sendo apenas um contrarregra eu entendo de teatro pra caralho. (*Noutro tom*) Desculpa, escapou. (*Para os bastidores*) Escapou, gente. Desculpa. (*Pausa*) É bom ir dizendo isso logo para vocês saberem com quem estão falando. Eu sei tudo — mas tudo mesmo! — o que acontece num palco. E sei porque o contrarregra é responsável por tudo o que acontece nas coxias. Para diminuir o custo da produção, acabaram com várias funções no palco. Agora, o contrarregra, além de ator, como vocês já sabem, é maquinista, camareiro, diretor de cena, prega botão, bate prego, acerta os objetos de cena, ajuda nas trocas de figurinos, arrasta cenários, leva água para a estrela, massageia o astro e mais um zilhão de coisas. E eu faço tudo isso sozinho. Corro de um lado para o outro durante a peça inteira. No final, tou com um palmo de língua pra fora. Daí eu poder dizer que sei tudo sobre isso que chamam, com tanta pompa, de "a magia e o mistério" do teatro. Eu, que atuo nas sombras, por trás de cortinas, rotundas e tapadeiras, pisando na ponta dos pés, sussurrando nos ouvidos e mal respirando, puxo cordas, ergo pesos, subo em andaimes, desço em escadas de marinheiro, para fazer girar roldanas, engrenagens e todos os mecanismos dessa máquina de ilusão. Isso não estava previsto, mas vocês vão saber agora o que são a tal magia e o tal mistério do teatro. Vão entender por que dizem que "o palco é o altar onde se queima o incenso mais perfumado em louvor da arte mais pura". Agora, vocês vão saber o que é e onde fica a alma do teatro. Pela primeira vez vai-se revelar o segredo que vem sendo guardado há séculos. Ninguém, nunca, teve coragem de confessar assim, abertamente. Mas eu vou fazer isso agora. A verdadeira "alma" do teatro não está, como alguns pensam, no gênio do autor, nem no espírito do diretor, nem na paixão dos atores e atrizes. Para não tirar o meu da reta, a alma do teatro não está nem mesmo na dedicação do contrarregra. A alma do teatro está... (*Olha preocupado para um e outro lado e aponta a bilheteria*)... aqui! É, na bilheteria! É nesse cubículo que fica o dinheiro, a grana, o cacau, a bufunfa, o tutu, the money, la plata, l'argent. (*Contorna a bilheteria*) Foi aqui que a arte perdeu a sua ligação com o divino e o sublime. Perdeu o contato com os deuses e caiu nas mãos dos homens... (*Esfrega as mãos*) ....mãos egoístas, gananciosas. A arte nas mãos imundas dos homens! — apesar de ter virado contrarregra, fiz um cursinho de história da arte. Há até uns cínicos que dizem que "quem tem que discutir arte é empresário, banqueiro, homens de negócio; artista tem que discutir é grana!" (*Aponta a bilheteria*) Quando a alma do teatro está cheia, a vida muda nas coxias. A atriz canta, o diretor canta, o ator canta e, nessa animação, todo mundo me canta. Mas eu não como ninguém! (*Num tom confidencial*) Quer dizer, daqui, da peça. Claro que a bilheteira eu vou comer. Mas ela não é da peça, é do teatro. (*Admira a bilheteria*) Que poder tem esse cubículo! Move o mundo, faz as guerras, degrada a arte, corrompe os homens! (*Silêncio. Olha para os lados e entra furtivamente no cubículo. Abre gavetas. Ergue cédulas e papéis*) Dinheiro, cheque, cheque, cheque, dinheiro, dinheiro, cheque, cartão de crédito, cartão de crédito, convite, convite, convite, convite, convite, convite, convite, convite... (*Conta as cédulas, fica decepcionado*) Merda! (*Descobrindo*) Mas espera aí: essa grana é dos ingressos que vocês compraram!... quer dizer, a maioria aqui ganhou convite! Pô, desse jeito, meu salário só sai no ano que vem. (*Pega os cheques. Lê um dos emitentes*) José Carlos Aragão. (*Localiza-o na plateia*) Seu cheque tem fundo, Aragão? Não sacaneia, Aragão! É o meu salário! (*Lê outro*) Francisco Rocha. (*Localiza-o*) — Pô, Chico, você comprou, deixa ver... (*Faz as contas mentalmente*)... seis ingressos!? Tou até emocionado! Sério mesmo! Trouxe a família toda ao teatro? Que coisa linda! Agradeço em nome de todo o elenco. E tem fundo, Chico? Seu cheque pode ser uma fraude, mas o nosso espetáculo é autêntico! (*Lê outro*) Maria Eliza Frondizi. Mulher é uma maravilha porque, dá coisas ótimas e raramente dá cheque sem fundo. E a Maria Eliza pagou um único ingresso com cheque? Será que ela veio sozinha? Anda solitária, Maria Eliza? Cadê você? (*Procura, mas não localiza ninguém*) Está inibida de se apresentar? Quem sabe a gente não poderia... depois que eu descer do urdimento com a bilheteira... ir a um... bem, vou respeitar a sua inibição, Maria Eliza. Não vou tratar disso em público, mas apareça na coxia depois do espetáculo... (*Silêncio. Repõe dinheiro e papéis na gaveta*) Eu sou mesmo uma toupeira. (*Sai da bilheteria*) Por isso é que eu não passo de um contrarregra. Não adianta fazer cursinho de porra nenhuma! Acabo de descobrir uma coisa: o que tem na alma do teatro é o que vocês deixaram lá. Eu disse que o mistério e a magia do teatro é a grana, que a bilheteria é a alma degradada do teatro. Mas agora, vendo o dinheiro e os cheques de vocês, pessoas reais como estou vendo daqui, que vieram ao teatro, sabe Deus com que sacrifício, com que expectativa, com que esperança! Só agora eu entendi que o teatro rompeu com o divino e o sublime, e afastou-se dos deuses, mas se aproximou dos homens. Vocês são a razão de ser do teatro. A bilheteria é a alma do teatro, sim, mas porque é aqui que fica o esforço de vocês para que tudo isso aconteça. Cada cheque é um pouco do suor de cada um, que vocês oferecem a nós em troca de alguns momentos de magia e ilusão. Que a gente vai se esforçar para fazer o melhor possível. Vocês estão na plateia, mas estão... (*Indica a bilheteria*) ...aqui, no palco também. Vocês é que são os deuses do teatro. (*Vai saindo*) Deixa eu ir puxar as cordas para girar as roldanas e engrenagens dessa máquina de ilusão. (*Ele sai. Silêncio. Um telefone toca dentro da bilheteria*)

Segundo Quadro
Sonhando com cabras

O telefone toca dentro da bilheteria. Apressada, a bilheteira irrompe no palco, com uma revista na mão, e entra na bilheteria. É míope, usa óculos fortíssimos, cabelos ruivos encaracolados, brincos enormes, boca vermelha, seios grandes e saltados, sobre os quais acumulam-se colares em múltiplas voltas. Blusa de bolas vermelhas, minissaia laranja e sandália de salto alto. Pulseiras e anéis no atacado. Ela fala ao telefone com voz sensual inesperada para a sua pressa.

GODELÍVIA
(*Com voz artificialmente sensual*) Ooooooi! (*Ouve*) Calma, meu querido. É do Teatro, sim. (*Ouve*) Não precisa gritar, meu amor. (*Ouve*) É Godelívia, a bilheteira. Go-de-li-vi-a. De Godofredo e Olívia. (*Ouve. Fala menos sensual*) Você tem toda razão, paixão. (*Ouve*) Mas, se você me deixasse falar, eu tenho certeza de que ia me entender. Um rapaz inteligente, que frequenta teatro, que tem uma voz bonita como você, deve ser educado. (*Ouve*) Eu demorei a atender, meu amor, porque estava no banheiro. (*Ouve*) Também sou gente, não é, querido? (*Prende o telefone entre o pescoço e o ombro e folheia a revista*) Eu também adoraria se tivesse alguém pra ficar aqui enquanto eu ia lá. (*Ouve*) E a bilheteria, que fica sem

ninguém!? (*Ouve*) Se roubarem, azar do meu patrão. Quer dizer, dele não: dos artistas. A merreca que essa peça rende é dos artistas. Só vinte e cinco por cento é que é do meu patrão. (*Começa a lixar as unhas ao mesmo tempo que folheia a revista*) Mas ele acha que ter duas bilheteiras é um luxo. (*Ouve*) E sabe o que ele diz? Pra eu ir ao banheiro em casa. (*Ouve. Fala menos sensual ainda*) Você tem as suas necessidades, mas eu também tenho as minhas, meu querido. E há uns dias no mês em que as minhas necessidades ficam ainda mais necessárias! (*Séria, sem qualquer sensualidade*) Hoje, por exemplo, eu estou num desses dias! (*Acende um cigarro enquanto ouve*) Se você me deixasse falar, eu poderia explicar. (*Ouve*) Você vai ou não vai me deixar falar? (*Ouve*) Mas, escuta aqui, gostosão, você só quer ouvir o que te interessa, e depois desligar? E eu, como é que eu fico? Eu não sou da Internet, não. Não sou virtual, não! Quem vai me ouvir? (*Ouve*) Eu não estou aguentando mais a indiferença da cidade grande. A violência, o medo permanente, a falta de educação. Um dia largo essa merda e vou pro mato. Viver entre as cabras, os papagaios, os bem-te-vis. (*Ouve*) Então, por que ligou pra mim? (*Ouve*) Eu sei qual é a informação que você quer, mas as coisas não são do jeito que você quer. O mundo não é do jeito que você quer. Acha que vai ligando, perguntando e conseguindo a resposta na hora? Você não pode me atropelar, nem me ignorar. Eu estou aqui, faço parte da paisagem. E, afinal de contas, eu sou um ser humano, paixão! (*Ouve*) Até parece que só você trabalha no mundo, só você tem pressa no mundo! Fique sabendo que eu trabalho a semana inteira, das duas às dez da noite, e folgo na segunda-feira. Agora, eu pergunto: que homem, nesse mundo, vai querer sair comigo numa segunda-feira? Acho que o motel nem funciona na segunda-feira. Deve ser dia de faxina. (*Subitamente sensual*) Você, por exemplo, com essa voz máscula, que me deixa até arrepiada, sairia com alguém numa segunda-feira? (*Ouve. Fala decepcionada*) Ah, vai viajar? Pra onde? (*Ouve*) Sozinho ou acompanhado? (*Ouve*) Não mente pra mim! Ninguém nesse mundo vai sozinho pra Cancún. Aquilo é um bordel aquático. Pelas fotografias das revistas, eu sinto o clima de orgia no ar! (*Ouve. Fala com ironia*) Merece! (*Séria*) Eu também trabalho e nunca fui a Cancún. Você deve trabalhar num baita escritório, confortável, com ar-refrigerado, vista pro mar e garçom pra trazer café e água gelada! Fatura uma nota preta e nas férias arrasta uma ovelhinha pra abater em Cancún! (*Alto*) Não grita comigo! Me ouça! Você tem que me ouvir! (*Ouve*) Revoltada é o cacete! (*Ouve*) E não sou do PT também não! Eu trabalho num cubículo abafado, tão apertado que não dá nem pra abrir as pernas. E eu gosto de abrir as pernas. E não é só gostar. Eu preciso abrir as pernas de vez em quando. Pra relaxar. Aqui, se eu olhar pro lado, bato o nariz na parede. (*Ouve*) Nariguda é a sua avó, engraçadinho! Olha que eu desligo essa porcaria e você fica sem saber o que quer saber. (*Ouve longamente, repetindo sempre:* "Pois é", "Pois é", "É isso mesmo" *etc. Vai se acalmando com a cumplicidade do seu interlocutor. Fala emocionada*) E nesse abafamento ainda tenho que aguentar mau hálito dos que enfiam a cara aqui dentro para falar. (*Ouve*) Você também tem vontade de vomitar? (*Ouve*) Mas eu tenho uma bomba de *flit* que me alivia do fedor. (*Ouve*) Você não imagina: é tão apertado que eu não consigo ler uma revista, nem sequer fumar um cigarro. (*Ouve*) Por quê? Ora, por quê! Porque toda hora liga um chato, querendo saber sempre as mesmas coisas. Isso, quando não vem pessoalmente. (*Ela fala olhando para o espectador, que se aproxima da bilheteria, óculos fundo de garrafa, livro debaixo do braço*) Tem uns tipos que parecem ter saído direto da chocadeira pra cá. Ou do hospício. Você nem acredita. É cada mala sem alça, que Deus me perdoe! (*Ouve*) Eu não quis dizer que você é chato. Eu falava dos outros. (*Ouve*) Eu não já disse que sei o que você quer? Então, espera, que eu vou responder. Não basta ficar presa nessa cela, aguentando essa gente que frequenta teatro, não?!

Sem tirar o fone do ouvido, ela indaga, com movimentos de cabeça, o que quer o recém-chegado.

ESPECTADOR
Dois ingressos para hoje.

GODELÍVIA
(*Depois de, cobrindo o fone com a mão, encarar, indignada, o espectador*) Não vai me cumprimentar não, é? Acha que só porque sou bilheteira não mereço um cumprimento?

ESPECTADOR
(*Aproximando a cabeça do guichê*) Boa tarde! Boa tarde!

GODELÍVIA
(*Respiração presa, borrifa o ar com uma bomba parecida com bomba para asmático. O cubículo vai se enchendo de uma fumaça azulada. Ela grita para o telefone*) Espera! Espera! Eu tou me sufocando aqui!

Vai se abaixando, até desaparecer da vista da plateia. O ESPECTADOR *fica preocupado. Tenta olhar para o chão da cabine, mas não consegue ver. Dá a volta na cabine, mas a porta está fechada. Começa a bater na cabine e a chamar.*

ESPECTADOR
Moça! Bilheteira! Você está bem? Responde! Quer que eu chame alguém? Bilheteira! Moça! Tem alguém no teatro que possa te socorrer?

A cada palavra que ele diz, sobe um jato de fumaça azul. Até que se ouve o grito de GODELÍVIA.

GODELÍVIA
Cala a boca, pelo amor de Deus!

O ESPECTADOR *cala-se, constrangido, sem entender muito bem o que está acontecendo. Aos poucos, a fumaça vai se diluindo e* GODELÍVIA *ergue-se, telefone ao ouvido, prendendo o nariz entre o polegar e o indicador.*

GODELÍVIA
(*Voz anasalada, quase sem fôlego, ao fone*) Cala a boca, você também! Se você deixar, eu falo. (*Ouve*) Eu fui atingida por uma bomba de hidrogênio. Nunca vi — vi, não: senti — nada igual! Foi um Exocet de gases pútrefos! (*Ouve*) Se você deixar, eu falo sobre a merda das reservas. Posso falar? Não vai me interromper? Eu estou proibida de fazer reservas. (*Ouve*) Posso falar? Você disse que ia ficar calado. (*Ouve*) Lamento, meu caro, mas eu estou proibida de fazer reservas. (*Ouve*) Posso falar? O desgraçado do meu patrão me proibiu. Mas dessa vez o desgraçado tem razão. (*Ouve*) Você vai falar? Vai? Se vai falar, tudo bem, eu desligo. (*Ouve*) O problema da reserva é o seguinte: em geral, quem faz reserva é gente desocupada, que não tem o que fazer, que fica em casa à tarde, programando a vagabundagem da noite. Um momento, um momento! Não vai me deixar acabar de falar não, é?

Ela tira o fone do ouvido, borrifa a fumaça azulada na cabine, tapa o nariz com o polegar e o indicador e, só então, pergunta, com movimentos de cabeça, o que o ESPECTADOR *quer.*

ESPECTADOR
Boa tarde, eu queria...

GODELÍVIA
(*Cortando, com ironia*) Boa tarde, pois sim! Como se fosse possível ter-se uma tarde boa trancada nesse cubículo infecto e calorento. E numa tarde de sexta-feira. Todo mundo nos salões, se preparando pras festas, pros jantares, pras boates, pros motéis, e eu aqui, nessa cela, nesse corredor da morte, nessa câmara de gás, tendo que aguentar a encheção de saco, o esnobismo dessa gente que frequenta teatro! (*Recolocando o fone no ouvido*) Quer parar de gritar? Está me atrapalhando conversar com um rapaz que, pelo menos, se deu ao trabalho de vir até aqui para saber o mesmo que você quer saber. (*Ouve*) Eu estou ouvindo! Então fala, porra!

Faz sinal ao ESPECTADOR *para esperar e, com o indicador sobre os lábios, sugere que espere em silêncio. Põe o aparelho sobre o balcão, pega a bomba de asmático e sai do cubículo. Do lado de fora, volta a pegar o fone e, com ele no ouvido, aproxima-se do* ESPECTADOR. *Enquanto ouve e fala, faz gestos para que ele aguarde, que do outro lado da linha está um chato.*

GODELÍVIA
(*Ao fone*) Você pode dizer o que quiser, mas eu continuo achando que quem faz reservas são uns esnobes, que não querem entrar na fila, não querem se misturar...

Pega o livro do ESPECTADOR, *lê a capa. Ergue o polegar em aprovação. O* ESPECTADOR *ri, ela vira de costas para se proteger. Com gestos, pergunta ao* ESPECTADOR *se pode borrifar fumaça na sua boca. Ele agradece e recusa. Ela borrifa na sua própria boca e representa a sensação refrescante que está sentindo.*

GODELÍVIA
(*Ao fone*) ...e vêm com aquela arrogância dos que estão acostumados a passar na frente, aquela superioridade dos que estão seguros de que entrarão mesmo chegando em cima da hora.

Insiste em borrifar a boca do espectador que, afinal, concorda. Ela borrifa e exulta.

GODELÍVIA
(*Ao fone*) Você tá dizendo que não é assim, mas como posso saber, se eu não te conheço?

Impaciente, ela retira o fone do ouvido. O ESPECTADOR *aproveita a oportunidade e se apressa em pedir.*

ESPECTADOR
Boa tarde. Eu quero dois ingressos para a sessão de hoje.

GODELÍVIA
Quer dois ingressos? Decerto, vai trazer a namoradinha ao teatro, não vai?

O ESPECTADOR *ri tímido. Ela borrifa a fumaça na boca dele, com inveja*

GODELÍVIA
Traz, mas fica perfumado pra ela! É namoradinha mesmo ou é aquela amiguinha que você tá querendo comer? Pra sua avó

é que não é! (*Ela ri, vingativa*) Esse aqui... (*Aponta o telefone*) ...vai levar a amante pra Cancún, então vai trazer a mulher ao teatro. Ou a mãe. Ou a filha. Ou todas. Depois, vai pra Cancún com a consciência tranquila. Você com a gatinha, ele com o harém dele, a noite de sexta-feira se aproximando, e eu aqui, assistindo todo mundo se preparar para divertir! (*Suspira*) Noite de sexta-feira recende a sexo. Em qualquer lugar que se entre, o cheiro de sexo paira no ar. (*Repõe o fone no ouvido*) Alô! Estou ouvindo! Para de gritar! Se não parar de gritar, eu desligo essa porcaria, hein! (Pausa) Assim, eu posso falar.

Numa intimidade inesperada, abotoa a camisa do ESPECTADOR, *ajeita-lhe o colarinho, tira invisíveis sujeirinhas da sua roupa.*

GODELÍVIA

Quer dizer que tem que ser hoje porque você já prometeu trazer sua mulher hoje. E por que não pode ser outro dia? (*Ouve*) Vai sozinho pra Cancun! (*Ouve*) Escuta aqui, você não tem medo de eu te entregar pra sua mulher, não, seu safado? (*Ouve*) Ah, é: eu não te conheço! (*Tira o fone do ouvido*) Arre! Eu sou burra feito uma porta! Como é que vou arrumar alguém!

ESPECTADOR

(*Apressado*) Por favor, dois ingressos pra hoje, eu tou com pressa. Ainda tenho um compromisso antes da peça!

GODELÍVIA

(*Calmíssima*) Tá com pressa? Vai ao cinema. Compra na hora, entra na hora, começa na hora. Tudo em cima. Se quer vir ao teatro, tem que aguentar essas coisas feitas ao vivo, onde tudo que é imprevisto pode acontecer. Pode até nem ter espetáculo porque a atriz teve uma crise de estrelismo! (*Retoma o telefone, põe o fone no ouvido*) Alô! Eu estou ouvindo! (*Ouve*) Então, vamos supor — supor, hein! — que lhe fizesse as reservas. Como não o conheço, não sei dizer se é homem de palavra, ou não; se cumpre seus compromissos, ou não, se é honrado, ou não.

Enquanto ouve o telefone, ela gesticula para o ESPECTADOR, indagando se ele quer mesmo ver aquele espetáculo. O rapaz confirma. Ela faz uma careta de desânimo, insinuando que o espetáculo não é lá essas coisas.

GODELÍVIA

Mas eu nunca te vi mais gordo!

Ela tira o fone do ouvido, o ESPECTADOR se apressa em falar.

ESPECTADOR

São dois pra hoje. Por favor. Estou atrasado.

Silêncio. Ela o olha fazendo beicinho. Põe o fone no ouvido, ouve por um tempinho, volta a tirar.

GODELÍVIA

Estou esperando...

Julgando ter entendido, o ESPECTADOR puxa a carteira do bolso rapidamente.

ESPECTADOR

Ah, claro.

Estende-lhe o dinheiro.

GODELÍVIA
(*Ignorando o dinheiro*) Estou esperando você me pedir por favor, porque eu não sou sua empregada.

ESPECTADOR
Que saco! Assim não dá! Com uma bilheteira como você ninguém consegue manter o humor pra assistir a uma comédia.

GODELÍVIA
(*Desdenhosíssima*) Comédia! Pois sim! (*Retoma o fone*) Eu ouvi. Já sei com quem tou falando. Mas imagine o seguinte: digamos que eu lhe fizesse as reservas. Eu já disse que não posso fazer, mas imagine, só pra gente raciocinar, que, numa hipótese improvável, eu faça as suas reservas e, numa hipótese ainda mais improvável, o teatro lotasse. O que aconteceria?

Enquanto fala, ela acaricia os cabelos do ESPECTADOR *e, depois, pergunta, com gestos e expressões, se ele quer, de fato, dois ingressos. O* ESPECTADOR *confirma.*
Ela, com ar de desagrado, indaga quem é a outra pessoa. Sorrindo, o ESPECTADOR *sugere que é uma amiguinha.*
Ela faz cara de desprezo e, em seguida, puxa-o para junto de si, forçando-o a ficar com o rosto no seu pescoço.

GODELÍVIA
(*Ao fone*) O que aconteceria é que muitas pessoas voltariam para casa. Às vezes, até pessoas mais cultas, mais inteligentes e mais sensíveis, que poderiam aproveitar o espetáculo mais do que você, ficariam sem ver. Por que eu, que sou uma pessoa previdente, no que lotou, eu taco a minha plaquinha de "Lotação Esgotada"...

Sem deixar de falar ao telefone, ela pega a plaquinha de "Lotação Esgotada" e afixa à frente da bilheteria. O rapaz se surpreende e se irrita. Quer saber o que está acontecendo, ameaça reclamar na gerência. Ela o retém com um abraço, mantendo-o junto a si.

GODELÍVIA
(*Ao fone*) ...fecho a bilheteria...

Fecha a porta da bilheteria, mantendo-se do lado de fora. Irritado, o ESPECTADOR *tenta tirar-lhe o telefone da mão.*

GODELÍVIA
(*Ao fone*) ...e vou correndo chamar meu patrão, acerto o bordereaux e me mando para as delícias da vida! Porque ninguém veio ao mundo para ser bilheteira as vinte e quatro horas do dia.

Os dois já estão quase em luta corporal. Ela grita para o fone, que o ESPECTADOR *esforça-se para tirar-lhe das mãos.*

GODELÍVIA
(*Ao fone*) Socorro! Tarado! Estão me violentando! Estão me estuprando!

ESPECTADOR *recua atemorizado. Ela retoma o tom da conversação telefônica.*

GODELÍVIA
(*Ao fone*) Aqui? Gritos? Aqui tá tudo bem. Eu gritei? Tá enganado. Deve ter sido cena da peça. Parece que é uma tragédia erótica. Mas, como eu ia dizendo...

Ela retira a placa de "Lotação Esgotada" e, enquanto fala, joga beijinhos para o ESPECTADOR. *Aos poucos, vai se aproximando dele.*

GODELÍVIA

(*Ao fone*) ...às vezes, de tão previdente, eu taco a plaquinha de "Lotação Esgotada" antes que lote... (*Dando grandes agarros no* ESPECTADOR) ...pra evitar aquele desconforto de teatro cheio...(*Com voz melíflua*) ... aquela apertação... hum... aquela encostação... hum... aquela fungação... hum... aquela pegação... hum... aquela sacanagem... aquela suadeira... hum...

O ESPECTADOR *se desvencilha dos braços dela. Ainda ao telefone, ela assume um tom impositivo.*

GODELÍVIA

(*Ao fone*) Agora, eu pergunto: e se eu faço as suas reservas e você não aparece?

Tira o fone do ouvido e encara o espectador com desprezo. Ele tenta falar alguma coisa, mas ela se antecipa.

GODELÍVIA

Já sei! Você quer dois ingressos para hoje, não é? Vou te vender os dois ingressos. Mas aprenda uma coisa, meu caro: não é preciso agredir as pessoas para se conseguir ingressos de teatro.

ESPECTADOR

Desculpa, mas eu não tinha a intenção de agredi-la.

GODELÍVIA

Mas agrediu!

Ela põe o fone no ouvido e retira rapidamente.

ESPECTADOR
Desculpa, então.

GODELÍVIA
Não desculpo, não! (*Noutro tom*) O que que eu tô fazendo aqui, meu Deus, que não vou pro mato ter a vida calma que mereço. Aqui é só grosseria e falta de educação!

ESPECTADOR
Eu estou tentando ser educado, mas você...

GODELÍVIA
(*Cortando*) Educado! Cospe na cabeça dos outros, pede desculpa e acha que tá tudo resolvido.

ESPECTADOR
Eu não quero discutir, nem estragar a minha noite de sexta-feira...

GODELÍVIA
Quem começou foi você! Eu tava aqui, lendo a minha revista, quieta no meu canto, quando você chegou pra me perturbar. Eu não saio da minha bilheteria pra me meter com a vida de ninguém! Mas a toda hora aparece um engraçadinho pra tirar o meu sossego. Por que não me deixam em paz?

Ela põe o fone no ouvido e retira rapidamente.

ESPECTADOR
Desculpa, mas agora fiquei em dúvida. Eu gostaria de saber: não é comédia que estão levando aqui?

GODELÍVIA
Pode até ser comédia, mas eu nunca ouvi uma risada durante esse espetáculo.

ESPECTADOR
Então, a peça não é boa?

GODELÍVIA
Isso eu não posso dizer. Se digo que é boa, o público me xinga na saída. Se digo que é uma merda, são os artistas que querem me bater. Então, eu não digo mais nada sobre as peças que levam aqui. Quem quiser que corra o risco! (*Pausa*) A única coisa que posso dizer é que, no final, sai todo mundo praguejando. E só digo isso porque não estou falando nada sobre a peça.

ESPECTADOR
Será que confundi o teatro?

GODELÍVIA
Teatro! Pois sim! Isso aqui foi um teatro! Agora, é uma espelunca pulguenta que nem banheiro tem!

Ela põe o fone no ouvido, vai tirar, mas decide continuar ouvindo.

ESPECTADOR
Não tem banheiro? E como é que o público faz? Um teatro sem banheiro não pode funcionar! Não tem autoridade sanitária nessa cidade, não?

GODELÍVIA
(*Ao fone*) Se você não se acalmar, eu desligo essa porra. (*Ouve*) É claro que há situações especiais em que se pode reservar lugares e, se a pessoa não vem ao teatro, não parece canalhice. (*Ouve*) Um exemplo? Imagina que você reservasse dois lugares. Para você e sua mulher. (*Ouve. Irritada*) Ou sua filha. (*Ouve.*

Mais irritada) Ou sua amante. (*Ouve. Irritadíssima*) Ou sua mãe! (*Ouve. Tenta se acalmar*) E na hora de sair para o teatro, você descobre que a velha morreu de ataque cardíaco. (*Ouve. Mais irritada*) Ou sua esposa pulou do nono andar. (*Ouve. Irritadíssima*) Você não vai deixar o defunto estendido no sofá e vir pro teatro. Só se você for um grande filho da puta.

Reações explosivas do outro lado do fio. Ela tira o fone do ouvido. Ao ESPECTADOR.

GODELÍVIA
O que foi mesmo que você disse das autoridades?

ESPECTADOR
Eu quis dizer que um teatro sem banheiro não pode funcionar. As autoridades é que são responsáveis.

GODELÍVIA
Só tem o banheirinho dos funcionários. Você diz essas coisas (*Caricaturando*-o) "porque sem banheiro não pode funcionar", "autoridades responsáveis", com esse ar intelectual, esse jeito de gente justa e educada! Mas são justamente os tipos como você, que acham que sabem tudo, é que chegam aqui escolhendo, exigindo, mandando, tratando a gente como escrava etíope, olhando de cima com esse ar de "quem peidou"!

ESPECTADOR
Você tá muito enganada.

GODELÍVIA
Você devia me ouvir e calar.

ESPECTADOR
Por quê?

GODELÍVIA

Os ignorantes e humildes, coitados, chegam aqui amedrontados, pagam calados o preço que for, depois ficam por aí, relando as paredes, humilhados por estarem malvestidos, deslumbrados por estarem num teatro. E, na saída, ainda ficam envergonhados, quase pedem desculpas por não terem entendido nada. (*Ao fone*) Estou ouvindo. (*Ouve*) Claro que há situações especiais em que se pode fazer reserva. É o caso das pessoas portadoras de deficiência, idosas, grávidas. (*Ouve*) Nem vem que não tem. Você não se enquadra em nenhum desses casos! (*Ouve*) Porque sei, ora! (*Ouve*) Se vai xingar, eu desligo essa porra! Eu não quis desacatá-lo, mas a verdade é que não te conheço. Não sei do que é capaz! Você não tem aquela voz pastosa dos filhos da puta, mas a gente se engana tanto! (*Ouve*) O quê? Ah, escuta aqui: antes que me esqueça, vá tomar no seu cu!

Ela entra na "bilheteria" e desliga o telefone.
O ESPECTADOR *está espantadíssimo.*

GODELÍVIA

Não aguento mais essa violência da cidade grande. Eu tenho que ir viver no mato, criar cabras, sentar debaixo de uma árvore e cochilar com o barulhinho dos cincerros.

Ela liga o rádio, trauteia a música que toca, e põe-se a lixar as unhas. O ESPECTADOR *hesita em se aproximar.*
Espera que ela se acalme. O telefone toca.
Ele se aproxima rapidamente.

ESPECTADOR

(*Humilde, bem explicativo*) Boa tarde. Você poderia, por favor, me arranjar dois ingressos para a apresentação de hoje?

DOCE DELEITE

GODELÍVIA
(*Mostrando o telefone, que toca*) Eu sou uma só.

ESPECTADOR
Será que você não poderia me atender primeiro? Eu estou com pressa e...

GODELÍVIA
(*Cortando*) Se está com pressa, não venha ao teatro. Teatro é pra quem não tem mais nada pra fazer. (O ESPECTADOR *puxa a carteira para pagar os ingressos*) Guarda imediatamente esse dinheiro! Uma coisa que me irrita é mal começar a conversar com um homem e ele puxar a carteira! E todos que vêm aqui fazem isso! Você sabe que isso é um desrespeito, um insulto? Eu não te conheço! Que intimidade é essa? Tá achando que estou interessada no seu dinheiro? Que estou a fim de um bom partido pra largar essa merda dessa bilheteria e ter uma vida decente e confortável?!

ESPECTADOR
Moça, pelo amor de Deus, eu só quero pagar os ingressos.

*O telefone toca. Ela abaixa o
volume do rádio e atende.*

GODELÍVIA
(*Ao fone*) Que número você discou? (*Ouve*) Pois você deu sorte: caiu aqui no teatro mesmo. (*Ouve*) Programa? (*Esperançosa*) Programa comigo? (*Ouve. Decepciona-se*) Ah, entendi. Você quer saber o que está em cartaz no teatro? (*Ouve*) Por gentileza, pega o seu jornal de hoje. (*Tira o fone do ouvido.* Ao ESPECTADOR) Escuta aqui, meu querido, por que você não pensa num programa mais interessante pra nossa noite de sexta-feira?

ESPECTADOR
Eu vou ver essa peça hoje. De qualquer jeito. Nem que tenha que chamar a polícia. Agora, eu invoquei. E quando invoco, eu sou foda!

GODELÍVIA
(*Ao fone*) Tá com o jornal na mão? Então leia a programação dos teatros da cidade. Tem o nome da peça, do autor, do diretor, do elenco, o horário, o preço, o endereço e o telefone do teatro — onde certamente você encontrou o número pra ligar pra cá. (*Ouve*) Eu sou a bilheteira. O teatro brasileiro não pode pagar bilheteira e telefonista. (*Ouve. Depois tira o fone do gancho. Ao* ESPECTADOR) E então, meu querido: vamos ser felizes nessa noite de sexta-feira?

ESPECTADOR
Você vai me vender esses ingressos. Por bem ou por mal!

GODELÍVIA
Está me ameaçando? Quer mandar em mim? Ainda não apareceu macho pra isso, meu querido. Eu não tenho costume de receber ordem de ninguém. Muito menos de estranhos, tá me entendendo? (*Ao fone*) Alô! Eu não sou surda, não, porra! (*Ouve*) Se você não consegue achar uma programação de teatro no jornal, estamos mal. Não sei o que vai fazer num teatro. (*Ouve*) Pelo telefone? Nunca! E eu lá tenho tempo pra isso? Se você vier até aqui, entrar na fila — que tá virando a esquina — e esperar calmamente a vez, talvez eu possa lhe dar essas informações e, quem sabe, até lhe vender os ingressos. (*Ouve*) Venha, mas venha com toda a disposição. (*Desliga o telefone. Ao* ESPECTADOR) Eu nunca fui ao seu trabalho dizer o que deve ou não deve fazer. Você nunca me viu por lá, fofocando nos corredores, ou dando sugestões ao seu chefe. Você trabalha em quê?

ESPECTADOR
Sou professor. Aproveita agora, que não tem telefonema e me dá os dois ingressos.

GODELÍVIA
Professor! Eu sabia! É só o tipo que me aparece por aqui. Nunca pinta um surfista musculoso, um atleta gostoso. Falta gente na agricultura e aqui é esse congestionamento de professores! Sabe que faria um grande bem para todos se usasse esse par de braços pra arrastar uma enxada?

ESPECTADOR
(*Apontando uma arma*) Dois ingressos, ou puxo o gatilho.

GODELÍVIA
Oh, meu Deus! Mais violência! Baixa essa arma, moço. Eu vou lhe dar seus ingressos. Não precisa disso. Assim não há diálogo! (*Entrega os ingressos. O* ESPECTADOR *guarda a arma*) Todo mundo que aparece aqui acaba puxando a arma! (*O* ESPECTADOR *paga*) Eu não tenho troco! Não sou obrigada a ter troco pra tudo. (*Noutro tom*) Tudo o que eu queria era bater um papo, conhecer pessoas novas, fazer amigos.

O ESPECTADOR *vai se afastando. Ela chama.*

GODELÍVIA
Ei, olha o seu troco!

Ele desaparece. Ela põe o troco no bolso.

GODELÍVIA
Eu ainda vou viver entre as cabras, sentar debaixo de uma árvore e cochilar com o barulhinho do cincerro.

Ela abre a revista, olha as fotos, liga o rádio e põe-se a lixar as unhas. Trauteia a música que toca.

Terceiro Quadro
A voz do dono

GODELÍVIA, *a bilheteira, está no seu cubículo com o rádio ligado. Trauteia a música, folheia uma revista e lixa as unhas. Entra* VARELA, *o dono do teatro, com pasta de executivo.* GODELÍVIA *assusta-se, desliga o rádio, esconde a revista e a lixa de unha, ajeita a roupa, ergue o decote, arruma o cabelo. Muda a atitude para educada, obediente, submissa.*

VARELA
Como está isso aí? Vendendo bem?

GODELÍVIA
Boa noite, doutor Varela. O senhor desculpa meu cabelo. Não deu tempo de ir ao banheiro me pentear. E a minha roupa, o senhor aprova? Mais discreta, não é, doutor?

VARELA
Depois se vê isso. Quero saber como essa merda tá indo. Quantos vendidos até agora?

GODELÍVIA
Nada, nada.

VARELA
Nenhum? Nem um? A duas horas pra abrir o pano!

GODELÍVIA

Pra ser exata, dois.

VARELA

(*Desesperado*) Dois??? Um, dois?

GODELÍVIA

Um, dois. (*Pausa*) É o que eu digo pro senhor. Não há mais venda antecipada, doutor. A bilheteria, basta abrir pouco antes da sessão. (*Tom*) O senhor aprovou a minha roupa mais discreta, doutor?

VARELA

(*Ignorando-a*) E o telefone? Pelo menos estão ligando pra saber sobre a peça?

GODELÍVIA

Três ligações!

VARELA

Três? Uma, duas, três?

GODELÍVIA

Uma, duas. A outra era engano.

VARELA

Merda!

GODELÍVIA

Mas o senhor sabia, doutor. Peça sem artista da televisão dá nisso: não vem ninguém. Pela minha existência de bilheteria posso dizer: sem artista de televisão é melhor manter o teatro fechado do que alugar pra qualquer um. (*Tom*) E a minha discrição, o senhor aprova?

VARELA
De que adianta, se não vem ninguém ver a sua discrição?!

GODELÍVIA
É, o senhor tem razão. Mas esforçar, eu esforcei. Pra ficar como o senhor queria.

Pausa.

VARELA
Mais um dia com taxa mínima!

GODELÍVIA
Ainda bem que tem a taxa mínima! O senhor paga as contas.

VARELA
Paga as contas, porra nenhuma! Com a taxa mínima, eu estou quebrado! Falido! Na merda! Não sei o que meu pai tinha na cabeça! Com tanta atividade lucrativa nessa terra, construir logo um teatro! O pior negócio do mundo! Quem tem que construir teatro é o Estado.

GODELÍVIA
O senhor tem toda razão. Tem hora que me dá até pena do senhor. Uma fortuna empatada nesse prédio, pra essa gente cuspir no chão, jogar guimba acesa no tapete, pisar na poltrona estofada, mijar na parede do banheiro. Só porque pagam ingresso, acham que podem destruir o patrimônio alheio. Se eu fosse o senhor, botava todo mundo pra fora.

VARELA
Quem vai sair de casa à noite, encarar assalto e tiroteio, pagar um ingresso caro, pra assistir a uma peça de teatro, se em casa têm teatro pela televisão? E de graça?

GODELÍVIA
O senhor tem razão. Eu nunca faria isso. Só venho porque é meu ganha-pão.

VARELA
O que me deixa puto é que o teatro poderia ser um ótimo negócio. Excelente negócio! Melhor do que cinema. Melhor do que a própria televisão. Mas esses artistas são muito burros. E a burrice deles não atrapalha só a eles. Sou muito prejudicado por ela. Imagine uma coisa. A novela é um sucesso, não é? Nunca teve nesse país nada que faça mais sucesso. Nem o futebol.

GODELÍVIA
É verdade. Não há quem não veja televisão.

VARELA
E todo mundo sabe que artista bom tá na novela, não é verdade?

GODELÍVIA
É verdade. Se não tá na novela, não é bom.

VARELA
Agora imagina: os mesmos artistas que gravaram a novela durante o dia viriam pra cá à noite e repetiriam tudo ao vivo. Fariam no palco o mesmo que fizeram no capítulo. Pra eles seria mole. Não precisariam da trabalheira toda que é ensaiar. As gravações seriam os ensaios. Viriam direto, com tudo na ponta da língua.

GODELÍVIA
Que bela ideia, doutor Varela! Ideia genial!

DOCE DELEITE

VARELA
Isso aqui seria uma avalanche de gente querendo ver, ao vivo, os melhores artistas do Brasil! Representando cenas escritas pelos melhores escritores do Brasil e dirigidas pelos melhores diretores do Brasil. Seria uma comoção nacional! Eles iam se empapuçar de ganhar dinheiro. E nós também. Aí, sim, valeria a pena ser dono de um teatro!

GODELÍVIA
Ideia incrível, doutor Varela! Eu nunca tinha pensado nisso! É a própria Tv no palco!

VARELA
E acabariam essas reclamações de que o espetáculo não é bom. O público estaria pagando para ver uma novela! E todos sabem que uma novela é melhor do que qualquer teatro que já tenha sido feito nesse país, é melhor do que qualquer filme que já tenha sido feito nesse país, melhor do que qualquer romance que já tenha sido escrito nesse país. E qualidade, não tem erro: é só medir pela bilheteria. Deu dinheiro, é bom. Não deu dinheiro, é merda!

GODELÍVIA
Eu que o diga! No primeiro dia eu já sei se uma peça será um sucesso ou não. Já conheço teatro. Basta um dia e sei o futuro da peça.

VARELA
(*Arrasado*) Deus do céu! Dois ingressos e dois telefonemas!

GODELÍVIA
(*Preocupada*) Fica assim não, doutor Varela. Tenha fé em Deus. Eu vou buscar um copo d'água com açúcar pro senhor.

GODELÍVIA *sai*. VARELA *recosta a cabeça na "bilheteria". Súbito, tem uma ideia.*

VARELA
Deus! É isso! Deus é a solução! Vou vender o teatro pra uma daquelas seitas que me procuraram! O bispo cobria qualquer proposta. Como é o nome do homem? A igreja, eu me lembro que se chama Universo Deslumbrado! Vou vender! Pelo menos, ajudo a salvar algumas almas que o teatro tem arrastado para a perdição. Teatro aqui, nunca mais!

VARELA *sai, arrastando a "bilheteria".*

Quarto Quadro
A luz da estrela

A ATRIZ *surge em cena, avaliando as dependências do teatro. Anda olhando para o piso, bate o pé, no madeirame do palco. Examina a rotunda, as tapadeiras, bambolinas etc. Olha para o alto, tenta ver o urdimento etc.*

ATRIZ
Pena que não possa comprar. Tantos sonhos foram vividos aqui, e agora vai ser transformado em igreja. (*Olha em torno*) Me deixou maravilhada, esse teatro! Que acolhedor! (*Ao público*) Imagino que estejam sentados com conforto. (*A alguém da plateia*) Dá pra abrir as pernas, meu bem? Não fica zangada. Não tou dizendo que você se senta com as pernas abertas. Só queria saber se você está sentada confortavelmente, como merece. (*Pausa*) Tá confortável? (*Ouve*) Ótimo! Ótimo! Você merece. (*Noutro tom*) — Como frequento teatro não é de hoje, sempre penso no vizinho do lado. Será que esse seu vizinho aí vai ter espaço pra ficar relando a perna dele na sua? (*Ouve*) Tem espaço pra ele mexer? (*Ouve*) E você? Dá pra você cruzar as pernas sem prender o joelho e desfiar a meia nas costas da poltrona da frente? (*Ouve*) Ótimo! Ótimo! Você merece! (*Noutro tom*) E dá pra apoiar bem o cotovelo? Ou você tá encostando no braço do vizinho? (*Safada*) Tá sentindo o braço dele, tá? E você, vizinho, tá sentindo o braço dela? (*Ouve*)

E tá bom? (*Ouve*) Tá subindo um calorzinho por dentro? Se não tiver bom, tente o outro lado. (*A outro espectador*) Tá sentindo que o braço que tá relando no seu está arrepiado? Se não estiver encosta mais um pouco, até os pelinhos se tocarem. Eu disse pelinhos! Agora, mexe. Mexe devagar pros pelinhos se enroscarem uns nos outros... continua assim, que os dois vão ter companhia pra depois da peça. (*Noutro tom*) Toda vez que estou num teatro, ou num cinema, pelo menos um dos braços da cadeira eu considero que é meu. E, se chego cedo, me atraco logo nos dois. Não sou boba nem nada. Fico danada da vida se me descuido e um vizinho mete seu braço e ocupa um lado. E quando, lá pro meio da peça ou do filme, me roubam o outro lado, e tenho que ficar duas horas com os braços grudados no corpo e as mãos metidas entre os joelhos; dá vontade de matar! (*Noutro tom*) Como se eu comprar, sou eu quem vai mandar, cada um tem direito a um braço. Dialoguem pra vocês se acertarem. (*Silêncio. Ela se dirige a um dos extremos do palco*) Agora, olha pra cá. Tá me vendo ou tem algum cabeção na sua frente? (*Vai ao extremo oposto*) E aqui? Dá pra me ver daí? Eu peço a colaboração dos que estão de chapéu, de boné, ou não sei o que mais, que aqui dentro vocês podem descobrir a cabeça. Não há nenhum risco de chover ou fazer sol na cabeça de vocês. (*Vai para o centro do palco*) Espero que vocês estejam vendo o palco todo. E, principalmente, me vendo. (*Pausa*) Aqui! (*Pausa*) E aqui tem também uma ótima iluminação. Embora eu quase não precise. Como toda estrela, tenho luz própria. (*Noutro tom, intimidada*) É brincadeira, gente. (*Vai ao fundo do palco*) Estão me vendo daí? Estão vendo essa pinta que eu tenho aqui? (*Pausa*) Espero também que estejam sentindo um frescor entre as pernas. (*Um tempo*) Sentiram? Não é nada grave. É o ar-refrigerado. O ar-refrigerado é importante porque evita que o calor derreta a maquiagem das peruas da plateia e a minha também. Além disso, o ar-refrigerado aspira esse cheiro que aparece onde tem muita gente: perfume misturado com naftalina, mofo e suor. (*Pausa. Ela olha para o alto*) Esse teatro tem bom urdimento. O cenário pode subir e descer, para o caso de algum maluco vir com cenários. Os arquitetos deixaram uma passagem apertadinha pros artistas, mas, em compensação, tem entrada e saída para os famosos elefantes da *Aída*. E, como todo palco que se preze, aqui também tem um alçapão para fazer desaparecer adereços, cenários, artistas e o que mais você queira botar pra fora do palco. E os camarins? Se a gente acende a luz depressa, ainda dá pra ver aquelas baratonas gordas olhando-se no espelho e planejando uma dieta. (*Noutro tom*) E que banheiros! Parecem piscinas! Tive que me equilibrar com os pés na beira da latrina para lavar o rosto no lavatório! É raro ver um teatro desse nível. E eu conheço os teatros desse país! Pelo estado deles, dá pra ver que somos um povo amante da arte dramática. Aliás, alguém já disse, não sei se foi o García Lorca ou o Bernard Shaw — com certeza foi algum estrangeiro porque brasileiro nunca diz nada que preste mesmo — um dos dois disse que se pode medir o teatro de um povo pela cultura desse.... (*Corrige-se*) ...não. Pode-se medir o povo pelo teatro desse... (*Corrige-se de novo*) ...não. Pode-se avaliar a cultura pelo... (*Corrige-se*) ... enfim, é qualquer coisa por aí...! (*Ela aproxima-se de um espelho onde estão fixados vários óculos*)

Quinto Quadro
O palhaço nu

Diante de um espelho a ATRIZ *experimenta vários tipos de óculos. O* ATOR *se aproxima. Observa fascinado, depois passa a comentar cada óculos. A* ATRIZ *o ignora.*

ATOR
Este lhe fica ótimo! (*Ela troca*) Este também! (*Ela troca*) Maravilhoso! (*Ela troca, ele se aproxima mais*) Esplêndido! (*Troca*) Incrível! (*Troca*) Não tenho palavras! (*Troca*) Sabe que é um grande prazer estar com uma atriz tão genial? (*Troca*) Acompanho a sua carreira com o maior entusiasmo! (*Troca*) Seja o palco, na tela ou no vídeo! E é sempre aquele... aquela... aquele... nem sei! Você é uma... é um.... incrível!

ATRIZ
Quer um autógrafo, é isso?

ATOR
(*Constrangido*) Bem... quer dizer, aceito o seu autógrafo, mas... não é bem por isso que... quer dizer... estou aqui para trabalhar...

ATRIZ
Toda a imprensa sabe que pra falar comigo só com hora marcada! Estou num intervalo de ensaio. Não posso dar entrevista.

ATOR
Não está me reconhecendo? A gente comia sempre no mesmo horário lá no velho Lamas, lembra-se? No Largo do Machado? Sou o Argentino de Oliveira.

ATRIZ
(*Sem se lembrar, querendo ver-se livre*) Ah... tudo bem? Há quanto tempo! Outra hora a gente conversa com calma...

ATOR
Você não se lembrou. Meu nome artístico é Tino Argen Oliver Eiras...

ATRIZ
(*Sem convicção*) Me lembro sim...

ATOR
Não, você não está se lembrando...

ATRIZ
Lembro sim... Não comíamos no velho Lamas, no Largo do Machado...?

ATOR
Não está me reconhecendo por causa do bigode. Acabo de gravar um comercial para a Casa da Banha. (*Tira o bigode*) E agora, lembra-se?

ATRIZ
Claro, claro...

ATOR
Puxa, você ainda não se lembrou...

ATRIZ
Já disse que lembrei!

ATOR
Então, cadê o meu abraço?

Constrangidíssima, ela o meio-abraça. Ele aproveita a oportunidade e dá dois beijinhos.

ATRIZ
Como vão as coisas?

ATOR
Se melhorarem não sei se vou aguentar. (*Só ele ri*) Mas, com essa chance na sua companhia, não posso pretender mais nada.

ATRIZ
Chance???

ATOR
Vai ser uma honra pra mim.

ATRIZ
Não estou entendendo.

ATOR
Falo do papel que tem para mim...

ATRIZ
Papel??? Desculpa, mas... você é ator?

ATOR
Viu como não tinha me reconhecido? Há vinte e dois anos estou nessa luta pelo teatro nacional.

ATRIZ
Mas... em que peças trabalhou?

ATOR
Todas??? É impossível!

ATRIZ
As mais recentes ou as mais importantes.

ATOR
Modéstia à parte, foram tantas!

ATRIZ
Deve trabalhar muito caracterizado! Diga uma!

ATOR
Seria indelicado. Você sabe como são os nossos colegas... Mas ouvi num bar que na sua próxima peça tem um papel que me serve como uma luva. Então, pensei comigo: puxa, se somos amigos dos tempos do Lamas, o papel será meu...

ATRIZ
A coisa não é bem assim... Já temos seis candidatos, inclusive com o tipo físico adequado... e, depois, eu nunca o vi no palco...

ATOR
Está me vendo no palco agora... mas se não gosta do meu "ar" diabólico, posso mudar. (*Ele arranca as sobrancelhas postiças. Ela ri desdenhosamente*) Se você está rindo, imagine o público! Quando subo no palco é um delírio!

ATRIZ
Deixa eu ver essas sobrancelhas... e o bigode também... Que gracinha!

Sempre ridicularizando-o, ela aplica em si mesma o bigode e as sobrancelhas.

ATOR
Na minha última apresentação, o público riu tanto, tanto, que teve gente que se mijou. Nem pude acabar o espetáculo.

Diante do insistente riso desdenhoso dela, ele vai se constrangendo até ficar sério.

ATOR
...teve gente que desmaiou de tanto rir.

ATRIZ
(*Olhando-se no espelho*) Adoro esses artifícios! Lembram a minha infância. Eu comecei numa companhia de comediantes que mambembava pelo país afora. Usávamos todos esses truques maravilhosos que os mais antigos tinham aprendido em circos e cabarés. Tenho o maior carinho pelos comediantes populares que faziam rir pelo prazer de fazer rir... Pena que o tempo deles tenha passado!

ATOR
Ah, passou! Hoje não há mais lugar para essa ingenuidade... Hoje o teatro precisa... assumir, não é?

ATRIZ
Ah, claro!... (Desafiando) Mas assumir o quê?

ATOR
Bem... assumir, não é? Assumir a sua seriedade, não é? Ou não?

ATRIZ
Ah, claro... o teatro precisa ser sério!

ATOR
Seriíssimo, é o que eu sempre achei.

ATRIZ
O palco tem que ser uma trincheira!

ATOR
É o que vivo dizendo: o palco é a nossa última trincheira!

ATRIZ
(*Admirando-se no espelho*) E é uma trincheira tão iluminada, tão maravilhosa, tão...

ATOR
Tirou de minha boca... Mas qual é mesmo a próxima peça?

ATRIZ
Você sabe, nós somos uma companhia séria. Queremos montar peças sérias. É hora de dar uma sacudida nesse marasmo que anda o teatro. Estamos pensando num Sóclofes...

ATOR
Que maravilha!

ATRIZ
Em Shakespir...

ATOR
Que maravilha!

ATRIZ
Em Tolstoievski...

ATOR
Que maravilha!... Você disse Tolstoievski, não seria Dostoievski?

ATRIZ
Mas e o Tolstoi?

ATOR
Esse é outro. É romancista.

ATRIZ
Não. Eles escreviam de parceria. Eles não são russos? Só porque são russos não podem escrever em parceria?

ATOR
Não sabia que Dostoievski tinha escrito peças de teatro.

ATRIZ
Não sabia??? Então, nunca representou Dostoievski?

ATOR
Dostoievski?... Ah, claro! Estava me esquecendo... É uma maravilha! Enfim, uma companhia preocupada com cultura!

ATRIZ
Para nós, teatro é cultura com "C" maiúsculo!

ATOR
Que maravilha! E já se decidiram por alguma peça?

ATRIZ
Bem... até passar essa crise de público, vamos montar "Devagarinho, eu deixo"!

ATOR

Que maravilha!

ATRIZ

Conhece?

ATOR

É isso que o público quer ver!

ATRIZ

Você já leu "Devagarinho, eu deixo"?

ATOR

(*Entre risadas*) Só esse nome é uma maravilha!

ATRIZ

Você não leu?

ATOR

"Devagarinho, eu deixo"! Que delícia! Adoraria fazer!

Ele se entusiasma. A atriz o espera acalmar-se.

ATRIZ

(*Inquisitorial*) Você conhece ou não conhece a peça?

ATOR

(*Constrangidíssimo*) Não é do Brecht?... Não, é do Shakespeare!... estou confundindo, mas eu sei: é uma que tem uma mulher engraçadíssima e um sujeito que... Ah, é do Sófocles! Não é? Sabe, ultimamente não tenho lido teatro... Estou numa fase existencial, ando mais interessado em assuntos assim mais profundos, filosóficos, entende? Já li tudo sobre astrologia! Hoje mesmo, antes de vir pra cá, li o meu horóscopo. Dizia: uma interessante proposta poderá vir ao encontro de suas aspirações profissionais mais imediatas. Por isso me animei a vir... Mas como é mesmo o meu papel?

ATRIZ
Olha, eu não quero desanimá-lo, mas nós somos muito rigorosos nas opções artísticas. Disso não abrimos mão! Para esse espetáculo, por exemplo, contratei um diretor revolucionário, cheio de vanguardas. E não é vanguarda daqui não. É vanguarda mesmo. Da Europa. Ele vem de um estágio com o Stravinsky.

ATOR
Com o Stravinsky? Que ótimo! Estudou música?

ATRIZ
Stravinsky é o que há em teatro hoje na Europa! É o super-supervanguarda, supermega-hermética! E, você compreende, trazer um diretor como esse, só com um elenco que possa explodir, entende?

ATOR
Puxa, você não sabe como eu amo o teatro intelectual. Já fiz interpretações barrocas, surrealistas, psicóticas, sociológicas... Quem me vê, não diz, mas eu sou muito eu. E não digo isso por vaidade. A gente precisa mostrar tudo o que sabe, não é?

ATRIZ
Com um diretor como esse, é preciso se entregar...

ATOR
Eu me entrego de corpo e alma...

ATRIZ
É preciso se despir de tudo, embarcar nas ideias dele, voar com ele...

ATOR
Eu me dispo, eu embarco, eu voo...

ATRIZ
É bom até que a gente esteja meio apaixonada pelo diretor...

ATOR
Sempre me apaixono pelos diretores!

ATRIZ
Isso é assanhamento! Falo de apaixonar no bom sentido.

ATOR
Se me falasse da personagem, antes de falar com o diretor, eu já traria alguma coisa pronta de casa.

ATRIZ
Bem... o papel tem uma certa particularidade, mas pode-se dizer que é o papel principal...

ATOR
O protagonista???

ATRIZ
Não se enxerga, não!? Protagonista sou eu! Imagine! Entenda, não quero desanimá-lo, mas, para ser sincera, não consigo ver como você...

ATOR
(*Retira a barriga postiça*) Se me achava gordo, já emagreci.

ATRIZ
(*Pegando a barriga*) Mas não é uma questão de *physique du rôle*!

ATOR
Questão de quê?

ATRIZ
O nosso diretor disse que o teatro não tem mais compromisso com *physique du rôle*.

Ela põe a barriga em si.

ATOR
É o que eu acho. Já usei muito *physique*, mas hoje nem ligo.

ATRIZ
Esqueça *physique du rôle*.

ATOR
Nem me lembrei!

ATRIZ
Para ele, o ator não exibe o seu corpo, anula-o, queima-o, liberta-o de toda imitação vulgar!

ATOR
Profundo!

ATRIZ
Para ele, o ator se oferece em sacrifício, repete a redenção, torna-se um santo!

ATOR
(*Representando o que ele considera um santo*) Pois olhe um santo bem na sua frente.

ATRIZ
(*Ri desdenhosa*) Mas o que é isso?

ATOR
Não inspira sentimentos piedosos?

ATRIZ
É isso que entende por representar?

ATOR
Agora, olha o invejoso.

ATRIZ
Pare com essa bobajada!

ATOR
Bobajada é essa arrogância de dizer que o teatro é isso e aquilo, e ser incapaz de criar um tipo! Eu não sou de falar, eu faço!

ATRIZ
Essa carapuça não me serve. Eu falo e faço. Veja "aquela que está puta da vida, mas não quer ser mal-educada"!

ATOR
Agora, tente o tipo misterioso.

ATRIZ
Não sou uma palhaça. Sou uma atriz.

ATOR
E qual é a diferença? Olha o misterioso.

ATRIZ
Isso não é misterioso. É desconfiado. Misterioso é isso.

ATOR
Agora, veja "o que pensa que sabe tudo"!

ATRIZ
E veja o "imbecil".

ATOR
Olha a "estrela canastrona".

ATRIZ
Olha o "canastrão pretensioso".

ATOR
Olha o "ingênuo".

ATRIZ
Ingênuo é assim.

ATOR
Assim é muito melhor.

ATRIZ
Assim convence mais.

ATOR
Assim é mais engraçado.

ATRIZ
O seu não tem interior.

ATOR
E o seu não tem exterior.

ATRIZ
Teatro é interior.

ATOR
Teatro é exterior.

ATRIZ
Teatro precisa de alma.

ATOR
Então, faça a "bondosa".

ATRIZ
Só se você fizer o "humilde".

ATOR
Veja como sou teatral até para rir.

Ele ri em todas as vogais. Ela o acompanha. Nessas risadas vão se transformando em vocalises.

ATRIZ
O nosso diretor se divertiria vendo um ator como você.

ATOR
Todo mundo se diverte me vendo.

ATRIZ
Mas ele se divertiria no mau sentido.

ATOR
Mas se divertiria!

ATRIZ
Escuta aqui. Respeito é bom e eu gosto. Arte é uma coisa muito séria. Não é para qualquer um!

ATOR
Pelo jeito, meu papel deve ser de um intelectual angustiado. Faço também.

Ele gira, põe os óculos e reaparece como o intelectual angustiado.

ATOR
Notou o detalhe da testa? É a angústia.

ATRIZ
Nem sabe o que é angústia! Angústia é um sofrimento interior em que a pessoa se debate consigo mesma. Veja.

ATOR
Mas tem angústia em que se debate com as outras. Veja.

ATRIZ
Ridículo!

ATOR
A personagem se debate consigo mesma ou com os outros?

ATRIZ
A personagem é ridícula, mas por outras razões.

ATOR

Mais ridículo do que eu? Agora, imagine com o figurino ridículo, com a maquiagem ridícula, falando as palavras ridículas da peça, vivendo as situações ridículas da peça.

ATRIZ

Será que não entende que é o interior que faz a personagem? Vou lhe mostrar. Ponha esses óculos. (*Ela entrega uns óculos para ele e põe os outros no rosto*) Agora, concentre. Imagine que você... acabou de assassinar a sua esposa. (*Eles se concentram*) Agora, tire os óculos. (*Ele tira*) Sem comentários! Agora, veja como faço. (*Ela tira os óculos rigorosamente da mesma maneira que ele*) Percebeu a diferença? (*Ele não percebeu*) Não sentiu a minha profunda interiorização? (*Ele está desconfiadíssimo*) Você é insensível demais para ser ator.

ATOR

Ah, a interiorização eu percebi, claro!

ATRIZ

Percebeu, coisa nenhuma! Vamos repetir. Ponha os óculos. Você acabou de assassinar sua mulher. Tire os óculos. (*Ele obedece*) Agora, preste atenção. (*Ela volta a tirar os óculos da mesma maneira*)

ATOR

Fantástico!

ATRIZ

Isso é banal.

ATOR
Posso mostrar a minha concentração de outra maneira. Me concentro tanto que mudo de cor. (*Concentra-se*) Fico verde. (*Fica verde*) Fico vermelho. (*Fica vermelho*) E azul. (*Fica azul*)

ATRIZ
Precisamos de um ator, não de um luminoso. Tudo o que você faz é de fora! Parece vitrine!

ATOR
Ah, já sei por que não se entusiasma comigo! É por causa do meu cabelo! Mas veja (*Ele retira sucessivas perucas da cabeça, fazendo um tipo para cada peruca, até chegar ao próprio cabelo*) esse é o meu verdadeiro cabelo. Que ainda posso tingir ou cortar.

ATRIZ
(*Pondo em si uma das perucas*) Quando eu era iniciante, usei muito dessas perucas. Ah, que saudade daquele tempo!

ATOR
Sua companhia é muito séria para fazer musicais, mas preciso mostrar tudo o que sei. Ouça.

Ele canta "Casinha Pequenina".

ATRIZ
Sua voz está rachada. Precisa de alguns exercícios. Ouça como se pode cantar isso.

Ela canta. Surge uma disputa vocal
em torno da mesma música.

ATOR
Agora, veja a minha expressão corporal. (*Ele dança o Tico-tico-no-fubá*) Você é capaz?

ATRIZ
Você jamais conseguiria ser meu *partner*! (*Nova competição, agora em dança. Esgotada, ela interrompe*) Ufa! Como me diverti com você! Você me trouxe ótimas lembranças! Meu ensaio já vai começar. Foi bom te ver...

ATOR
Mas... e o papel?

ATRIZ
Lamento, lamento mesmo, mas você não é o ator que procuramos...

ATOR
Mas nem tive tempo de mostrar o meu talento...

ATRIZ
Você não tem as características físicas que precisamos...

ATOR
Então, veja a minha galeria de aleijados...

ATRIZ
Isso não! Nem comece! Somos uma companhia teatral, não um museu de cera! Então, tchau... Você é bem divertido... Não quer mesmo um autógrafo?

ATOR
Só um minutinho. Por favor. Não posso desistir tão depressa. Não posso sair daqui sem mostrar a minha criação mais estupenda.

ATRIZ
O pessoal já está voltando para o ensaio.

ATOR
É uma transformação que nunca viu. E tudo na sua frente, sem truques!

Ele concentra. Através de um truque barato de iluminação e espelhos, ele se transforma num gorila.

ATOR
(*Como gorila*) Não sou um fenômeno?

ATRIZ
Interessante...

ATOR
Mas não basta para esse maldito papel!

O truque é desfeito. Ele volta ao normal.

ATOR
Então, por favor, me explica, me esclarece, me fala sobre essa personagem...

ATRIZ
Não há mais tempo.

ATOR
Só uma pista. Por favor. Com duas palavras sobre ela eu já chego no diretor representando...

ATRIZ
Bem... a personagem tem uns trinta anos...

ATOR
A minha idade. Não me deixe escapar.

ATRIZ
...casada...

ATOR
Nisso eu sou imbatível. Casei-me 6 vezes.

ATRIZ
...que decide assumir seu homossexualismo...

ATOR
E seis vezes me separei. Meu negócio não é mesmo mulher.

ATRIZ
...e parte para uma experiência com outro homem...

ATOR
(*Desmunheca*) Imagine, menina! Igual à boneca aqui!

ATRIZ
(*Áspera*) Mas não se trata de vulgaridades!

ATOR
(*Recompondo-se*) Compreendo...

ATRIZ
A peça trata da relação conjugal de dois homens...

ATOR
É comovente!

ATRIZ
Eu represento uma atriz por quem ambos se apaixonam perdidamente. Minha personagem, naturalmente, é o centro da

ação. Não porque eu queria, pois não ligo pra isso, mas porque ela tem charme, tem presença, é viva, feminina, linda, independente, inteligente, enfim, um papel escrito para mim. Na primeira cena, o que seria o seu personagem se barbeia enquanto o outro toma banho. Terminado o banho, o outro se aproxima, pega a toalha e se enxuga.

ATOR
Incrível, como a arte imita a vida! Vivi isso nessa manhã.

O ATOR põe-se a representar a situação. Faz a barba, tomando a ATRIZ como o outro homem.

ATOR
(*Representando*) Bom dia, meu bem. Lindo dia, não?

ATRIZ
Ihhh... a cena é muito, muito mais do que isso. Mostra a delicada intimidade entre dois homens.

ATOR
Como é bom trabalhar com uma atriz sensível! Deixa comigo! (*Representa*) Bom dia, meu amor... deixa que eu enxugue o...

ATRIZ
Você "representa" demais!

ATOR
E não é para representar? Desculpa, mas não estou entendendo.

ATRIZ
Ouvi o nosso diretor esclarecendo essa passagem. Há um distanciamento crítico indispensável à cena.

ATOR
(*Não entendendo nada*) Ah, claro! O distanciamento crítico!

ATRIZ
Evidente! Então, você pretendia acreditar na realidade dessa cena?

ATOR
E não é para acreditar? (*Diante do desânimo da atriz*) Claro que não! Essa cena não tem realidade. Ela nem existe! O que existe é o distanciamento crítico. Mas deixa eu fazer com distanciamento crítico. (*Representa*) Bom dia, amor. Deixa eu enxugar... (*Ela ri escandalosamente*) Está querendo me gozar? Estou desempregado, mas sou um profissional respeitado. Já ganhei um Uirapuru de Prata, ouviu?

ATRIZ
Já ganhei três vezes.

ATOR
Já ganhei o Golfinho Pérsico.

ATRIZ
Quantas vezes? Eu ganhei cinco!

ATOR
Já ganhei o ATP-71.

ATRIZ
Ganhei o ATP-74, 76, 77...

ATOR
Claro que você tem que ser mais premiada!

ATRIZ
Está insinuando que vivo cabalando prêmios?

ATOR
Se eu trabalhasse com bons diretores, também ganharia... Mas, por favor, me explica mais a situação.

ATRIZ
Bom... o outro homem saiu do chuveiro e você está se barbeando... o que costuma vestir quando se barbeia?

ATOR
Costumo vestir... o que acha melhor?

ATRIZ
Nessa cena a personagem não usaria nada.

ATOR
Então, "os volumes"... "a bagagem"... tudo à vista?

ATRIZ
Não temos por que esconder.

ATOR
Você pode não ter, mas eu tenho!

ATRIZ
Por quê? Tem alguma característica física especial?

ATOR
Bem... se for indispensável, dou um jeito.

ATRIZ
Escuta aqui. Esta é uma peça avançada. Pode não ser recomendável para você.

ATOR
(*Depois de curta hesitação*) Vou fazer esse cara brilhantemente!

ATRIZ
Vá aprendendo: nessa companhia, quem faz alguma coisa brilhantemente sou eu.

ATOR
É claro que vocês, como pessoas de bom gosto, na encenação cuidarão bem dos detalhes, não é? A luz, por exemplo, será diminuída.

ATRIZ
Luz plena e clara.

ATOR
Sim... claro... mas o banheiro, estará mais ao fundo..

ATRIZ
Mais à frente.

ATOR
Mais à frente, é evidente! Eu, talvez pudesse ficar numa posição mais favorável, meio de lado...

ATRIZ
De frente.

ATOR
Faz questão de que a "bagagem" fique bem visível.

ATRIZ
Exatamente. Daí as características físicas especiais.

ATOR
Mas, afinal, quem dirige esse espetáculo?

ATRIZ
Quem dirige é ele, mas quem manda sou eu.

ATOR
(*Após curta hesitação*) Você vai me desculpar...

ATRIZ
Compreendo. Essa peça é um desafio.

ATOR
...justamente hoje, estou de cueca samba-canção...

Começa a se despir.

ATRIZ
Não precisa se despir!

ATOR
E as características físicas especiais?

ATRIZ
Eu explico...

ATOR
Basta dizer: prefere grande ou pequeno?

ATRIZ
Não queremos fazer cena erótica nem nada que possa chocar...

ATOR
É o que pensa o diretor?

ATRIZ
Esta companhia é minha. Vamos mostrar os corpos desses homens como são. Quando falo características físicas especiais, me refiro à ausência de qualquer coisa especial nas suas características físicas. O personagem é o tipo do homem comum.

ATOR
Pois eu sou o próprio homem comum. O mais autêntico anônimo. Minha cara é igual à de todo mundo. (*Começa a tirar a calça*) E meu corpo é como o de qualquer um.

ATRIZ
Quando estiver nu diante do público, mesmo eu não estando em cena, ninguém olhará para o seu corpo em geral, mas para uma única coisa. Essa coisa precisa ser inexpressiva, ridícula, patética e miserável...

ATOR
Essa minha coisa é tão inexpressiva e ridícula que as mulheres debocham quando veem.

ATRIZ
Há algum detalhe que provoque deboche?

ATOR
É bom que tenha ou não? Oh, meu Deus, já me negaram papéis por todos os motivos, nunca pela minha "bagagem"! Mas o que se há de fazer? O teatro precisa evoluir. Mas, já que você é quem manda, posso contar que me dará o papel, não posso?

ATRIZ
Sabe, seu empenho merece uma chance. Há nessa peça um pequeno papel que, com um trabalho sério, poderá vir a fazer. É um palhaço decadente, que não interessa mais ao pú-

blico. Um ator desse teatro ingênuo, que só pretendia distrair o público. No final, esse palhaço, que é um velho amigo da atriz que vou representar, fica só, na miséria, e acaba se matando.

ATOR
(*Após curta pausa*) Esse é o papel que tem pra mim?

ATRIZ
Talvez, sim...

ATOR
Muito obrigado. Esse papel eu não faço. Não conseguiria representar a minha própria morte.

Ele vai saindo de cuecas, com a roupa debaixo do braço.

ATRIZ
Ei... (*Ele se volta*) Resolvi lhe dar o papel principal.

ATOR
(*Aos pulos de alegria*) Eu sabia! Muito obrigado! Será a minha salvação.

ATRIZ
Quando ficou livre dos truques, vi que é um artista. Poderá me fazer uma boa escada. Agora confesse: não sou um gênio para arrancar o que quero de um ator?

ATOR
Confesse você: não sou um gênio para passar em testes?

A ATRIZ sai da cena. Eufórico, O ATOR joga peças de roupa para o alto, e grita de alegria. Depois, recolhe as roupas e sai carregando-as emboladas.

Sexto Quadro
Maiores são os poderes de Deus

O palco é invadido por uma senhora idosa e bem-vestida. Ofegante, apoia-se numa bengala.

ESPECTADORA
(*Batendo com a bengala no chão*) Eu quero falar com o responsável por esse teatro! Quem é? Onde está? O que está acontecendo aqui é um abuso. Estou tão ofendida que mal consigo respirar. Eu não podia mais ficar sentada nessa plateia, como vocês estão, assistindo passivamente a todos esses absurdos que estão acontecendo aqui. Por isso, criei coragem, dei a volta pelos fundos e cheguei aqui. E não vou sair enquanto não falar com o responsável. Onde está ele? (*Bate a bengala no chão*) Quem é ele? Ou ela? (*Pausa*) Eu detesto teatro. Digo isso sem nenhum pudor: odeio teatro. E teatro ruim, como esse que estamos vendo aqui, eu odeio duplamente. Que estamos vendo, coisa nenhuma. Que estávamos vendo! Porque essa porcaria não vai continuar. (*Pausa. Ela, que estava ofegante, respira fundo*) Sinto-me mal só de pisar num palco. Estou aqui como uma guerrilheira, que usa a arma do próprio inimigo. E não me venham com psicologia de manicure! Meu ódio pelo teatro não é o ódio de uma frustrada. Graças a Deus, nunca quis ser atriz, diretora ou autora teatral. Nem mesmo espectadora eu quis ser. Meu ódio é objetivo e fundamentado. Explico-me: o que leva alguém

a gostar de estar aqui em cima, debaixo das luzes, fazendo macaquices? É alguém que se acha a mais bonita, a mais inteligente, a mais culta, a mais iluminada, a mais dotada, a mais virtuosa, a mais sensual, a mais sedutora, a dona do corpo mais perfeito. Ela deve considerar que é "a mais" em tudo o que você imaginar. Por isso, ela acha que deve ficar no alto desse altar, e que nós, pobres mortais, devemos pagar e ficar sentados aí embaixo, no escuro, adorando-a em silêncio. A única coisa que querem ouvir de nós, que pagamos, são elogios. A única manifestação que nos permitem são os aplausos. Quem escolhe passar a vida se exibindo aqui em cima deve ser alguém que se julga superior a todos os mortais. Pois acha que, com essas macaquices, estão nos representando! A nós! (*Indignada*) A mim, não! A mim não me representam! Eu não nasci macaca para ser macaqueada! (*Alto, com raiva*) Quem é o responsável por essa espelunca? (*Bate a bengala no chão*) Onde está? Ninguém é responsável por esse tal de teatro? (*Volta a bater a bengala no chão. Fala noutro tom*) E tem outra coisa que me deixa ainda mais indignada. A presunção dessa gente. Trata-se de uma ofensa ao próprio Deus! O que foi que Deus, na sua suprema generosidade, nos deu? Deus concedeu, a cada um de nós, o bem maior que qualquer humano pode possuir: a vida. Ele deu a cada um de nós uma, e única, vida! Cada um de nós nasce, cresce e morre como uma única e mesma pessoa. Só Deus é mais de um porque é muitos, porque é todos. E é onipresente, onisciente, onipotente. Pois esses sacrilégios do teatro contrariam os desígnios de Deus. Eles, os blasfemadores, os iconoclastas, não se satisfazem com a vida que Deus lhes deu. Querem mais. Querem ser mais de um. E nas suas macaquices, dizem que encarnam outras pessoas, com uma intenção subversiva: pretendem se insurgir contra Deus, que, na Sua bondade infinita, lhes designou uma, e apenas uma, vida. E aí está a suprema ambição: ao se autointitularem criadores — prestem atenção: eles se acham criadores, assim como Deus é o nosso criador — mas, quando se autointitulam criadores de outras vidas, pretendem ser, cada qual, o próprio Deus: querem ser mais de um. E, sendo muitos, de tipos diversos e de diversos mundos, cada criador torna-se onipresente, onisciente e onipotente. (*Alto, desesperada*) Cada ator torna-se o próprio Deus! É a ambição das ambições! (*Bate a bengala no chão*) É a presunção das presunções! (*Volta a bater a bengala no chão*) O pecado dos pecados! (*Bate ainda mais a bengala no chão*) É por isso que eu odeio o teatro. (*Alto, indignada*) Quem é o responsável por tantos pecados cometidos contra Deus? Não adianta esconder que eu vou atrás. (*Vai saindo*) Quem é? Onde está? (*Bate a bengala no chão*) Apareça, que eu vou mostrar quem aqui pode falar em nome de Deus! Quem está mais perto de Deus! Se são vocês ou eu! (*Ao público*) Podem ir embora. Essa porcaria dessa peça não vai continuar! Eu tou mandando ir embora! Acreditem na minha palavra. Eu não vou permitir! Maiores são os poderes de Deus! (*Ela tira a peruca, os colares, broches, pulseiras, e o próprio figurino, que solta no chão. Por último, solta a bengala sobre os despojos. Enquanto tira a maquiagem, despojada de toda a caracterização, fala sem a empostação da personagem, com a fragilidade sem artifícios da atriz*) — Detesto essa personagem! Ela é autoritária, arbitrária, intolerante, intransigente e presunçosa. Estamos longe de pretender ser Deus — que absurdo! O que nós criamos é apenas a nossa arte, de fazer crer que somos outros, sem deixar de ser o que somos. Recriamos as pessoas, mesmo aquelas a quem detestamos, com toda a sua verdade humana. (*A luz se apaga*)

Sétimo Quadro
A culpa é do figurinista

Palco escuro e silencioso. Ouve-se a batuta do maestro, pedindo a atenção dos músicos. A orquestra ataca a introdução sinfônica para a ária "Adeus, para sempre adeus". A introdução chega ao final e os cantores não cantam. A luz se acende. Ninguém em cena. Há uma cama no meio do palco. Silêncio. A luz se apaga. Um burburinho sussurrado vem das coxias.

VOZ MASCULINA
(*Em* off) Por que você não entrou?

VOZ FEMININA
(*Em* off) Não deu tempo de me vestir! Eu disse que nesse intervalo não daria tempo pra vestir esse figurino! Figurinista incompetente dá nisso!

VOZ MASCULINA
(*Em* off) Fala baixo! A incompetência é sua!

VOZ FEMININA
(*Em* off) Minha, uma ova! Também, uma merda de produção que não tem nem camareira!

VOZ MASCULINA
(*Em* off) Cala essa boca! O público está ouvindo.

VOZ FEMININA
(*Em* off) Não me manda calar a boca, não! Não manda, não. Eu viro bicho! Cala você!

Silêncio. Ouve-se novamente a batuta do maestro batendo na estante. A orquestra ataca a introdução outra vez.
Na hora da "entrada" dos cantores, a luz se acende. Mas apenas Godofredo está em cena, parado, rígido, na sua pose, operística. Olha, desesperado, para os bastidores. Em vão. Faz um sinal, que pretende ser disfarçado, ao iluminador, que não vê. Ele repete disfarçando menos.
Enfim, o iluminador entende. Apaga-se a luz.
Cresce o burburinho no palco.

VOZ MASCULINA
(*Em* off) Outra vez? Que merda tá acontecendo agora? Você tá querendo me derrubar, é?

VOZ FEMININA
(*Em* off) Que derrubar?! A porra do figurino não entra. A figurinista é que quer me derrubar, ou te derrubar. Ou nos derrubar.

VOZ MASCULINA
(*Em* off) Vê se é possível?! Um artista do meu nível se expor a um vexame desse! É claro que foi de propósito!

VOZ FEMININA
(*Em* off) Do seu nível? Que nível? Nível da rua? Ninguém precisa te derrubar, não, meu querido. Você se derruba sozinho.

VOZ MASCULINA
(*Em* off) Você me respeita! Nunca mais trabalho com amador.

VOZ FEMININA
(*Em* off) Amador é a sua vovozinha.

VOZ MASCULINA
(*Em* off) Fala baixo, porra! O público tá ouvindo! Vamos recomeçar logo, antes que o público comece a vaiar essa porcaria.

VOZ FEMININA
(*Em* off) Não! Não! Espera! Eu não tou pronta ainda! Não começa, não! Não!

Ouvem-se a batuta do maestro sobre a estante. A orquestra ataca, mais uma vez, a introdução.

Oitavo Quadro
Adeus, para sempre, adeus

A luz se acende. Música sombria. JULIETA *tosse na cama, agonizante. Súbito, desesperada, ergue-se e canta como um grito.*

JULIETA
Godofredo! Socorro!
Godofredo! Eu morro!

Ajoelha-se na cama.

Enfim, é o fim!
Oh, Deus! Piedade de mim!

Volta a se erguer.

Godofredo! Socorro!
Godofredo! Eu morro!

Ela se joga dramaticamente na cama, sufocada pela tosse. Nesse momento, entra GODOFREDO.

GODOFREDO
Ouvi, por aqui,
Um grito aflito
Com presságios
De despedida!

Para diante da cama de julieta.

GODOFREDO
Ainda vives, querida?

Aos poucos Julieta *recobra energias.*

JULIETA
Meu amor, tenho medo!
Esvai-me a vida!

GODOFREDO *assume um ar teatralmente consolador.*

GODOFREDO
Oh, horror! Não diga!
Nem pense, querida!
Tua saúde reflorirá,
E viverás para me enterrar
(*À parte*) Para o meu azar!
(*Falsamente otimista*) Teremos muito o que brigar!

JULIETA *tosse dramaticamente na melodia
da música e volta a se jogar na cama.*

GODOFREDO
Suprema dor, supremo sacrifício,
Vê-la partir, como é difícil!

JULIETA *recobra o ânimo.*

JULIETA
Tuas palavras são doces,
Companheiro generoso sempre fostes.

GODOFREDO
Mas irás só, irás só, nessa viagem!
Coragem, querida, coragem!

JULIETA
Consola-me, Godofredo!
Alivia-me do medo!

GODOFREDO
Coragem, querida, coragem!
Morrer tem suas vantagens!

Num supremo esforço, ela se ergue e vai até a janela.

JULIETA
Como é lindo o sol, as flores,
Os pássaros, o dia, as cores.
Que linda fica a vida,
Na hora da despedida!
Tu que ficas, ouça-me, amor:
Entrega-te aos prazeres,
Para não te arrependeres,
E o mundo te sorrirá!
Te sorrirá! Te sorrirá!
O mundo te sorrirá!
Porém, um dia, tu também,
A morte enfrentarás!

Sufocada pela tosse, ela dirige-se para a cama.

JULIETA
Godofredo, meu amado.
Está tudo acabado!
Parto! Adeus! Adeus!

Ela se atira na cama e se imobiliza.
Ele, aos prantos, se joga sobre ela.

GODOFREDO

Julieta! Julieta!
Oh, céus! Morreu!
Oh, provação insana,
Vê-la tão morta nessa cama!
Oh, morte traiçoeira!
Oh, víbora sorrateira!
Oh! Oh! Oh!

Quase sem transição, ele se ergue, enfim, alegre.

GODOFREDO

Enfim, o céu se lembrou de mim.
Meu cativeiro chegou ao fim.

Ele dança pelo quarto.

GODOFREDO

E livre, livre, livre, agora estarei!
Sempre livre, livre, livre,
Sempre sonhei!

JULIETA *volta a dar sinais de vida.* GODOFREDO *assusta-se, para de dançar e assume outro tom.*

GODOFREDO

Oh, céus! Oh, céus!
Julieta ressuscita!
O meu coração palpita!
(*Profundamente infeliz*) Sou outra vez feliz!
Feliz! Feliz! Feliz!

JULIETA *se ergue.*

JULIETA
Voltei das profundas,
Com brasas na bunda,
Godofredo, meu amor,
Que calor!
O inferno é um horror!
Preciso escapar à condenação
Por isso suplico,
Imploro o teu perdão.

GODOFREDO *assume um ar cínico.*

GODOFREDO
Perdoar-te-ei, querida,
Pelo amor de uma vida?

JULIETA
Oh, como dói morrer no pecado!
As chamas do inferno me torrarão o rabo!
O remorso me invade,
Oh, grande Deus, piedade!
(*Sufocada pela tosse*) Godofredo, socorro!
Godofredo, de novo, eu morro!

Ela se atira outra vez na cama. Cauteloso,
GODOFREDO *espreita.*

GODOFREDO
Será que foi pra valer?
Ela me engana até pra morrer?

Depois de um tempo inanimada, JULIETA *volta a erguer-se.*

JULIETA
Não posso! Não posso! Oh, não!

Partir sem o seu perdão!
Fui perdida e, pelo amor, recuperada.
Fui amada, fui casada,
E traí, traí, traí, só de safada!
Confesso e me despeço,
Para a viagem sem regresso.
Mas antes, perdão, Godofredo!
Perdão, perdão, perdão!
Por tanta traição!

GODOFREDO
Querida, não faz sentido.
O traído é quem pede perdão,
Por ter permitido a traição.

JULIETA
Não, amor, não te enganes,
Te traí como uma infame,
Manchei-lhe a honra e o nome.

GODOFREDO
Não é um grande pecado.

JULIETA
Quando o teu dia for chegado,
Sentirás a gravidade no rabo.

GODOFREDO
Ai, Julieta, serei condenado?
Então está tudo perdoado.

JULIETA *se alegra e reanima.*

JULIETA
Obrigada, amor, obrigada!
Morro de coração aliviado!
Obrigada, amor, obrigada!
Mas Godofredo, cuidado!
Quando o teu dia for chegado,
Não parta sem o perdão,
Para todos os seus pecados.

GODOFREDO
Mas quem me perdoará,
Quando a minha hora chegar?

Ela volta a tossir.

JULIETA
Outra vez, meu amado,
Está tudo acabado.

GODOFREDO
Julieta, meu Deus!

JULIETA
Parto! Adeus!
Para sempre, adeus!

Ela se atira na cama e morre dramaticamente.

GODOFREDO
Julieta! Oh, Deus! Que aflição!
Partes sem me perdoar!
Também eu te traí, traí, traí,
Só pra variar!
Me castigas na despedida,

Sua bandida!
E agora, quem me perdoará?
Quem? Quem? Quem?
Quem me perdoará?

Ele sai perguntando dramaticamente.

Nono Quadro
Conversa de camarim

Enquanto se livra dos figurinos, o par de atores conversa descontraído, como se estivesse no camarim.

ATOR
Não gosto dessa cena.

ATRIZ
Eu gosto. (*Tom*) Todo dia você diz isso.

ATOR
E você diz isso todo dia. (*Tom*) Não tem nada a ver uma cena de ópera nessa altura do espetáculo. Ainda mais com esse figurino!

ATRIZ
Tem uma coisa nela que me incomoda, mas não é isso.

ATOR
Claro que não.

ATRIZ
Como é que sabe o que me incomoda?

ATOR
Eu não sei o que te incomoda. Eu só sei é que não pode ser a mesma coisa que me incomoda. Simplesmente porque você não pode concordar comigo.

ATRIZ
Você cismou que eu discordo de tudo que diz, mas você está enganado.

ATOR
Claro que estou. Se eu não estivesse enganado, você estaria de acordo comigo. E isso você não admite. (*Tom*) Então diga o que te incomoda na cena.

ATRIZ
É que ela repete essa mania dos escritores e dramaturgos de só fazerem cenas de amor que acabam mal. Tristão e Isolda acabam mal. Werther e Charlotte acabam mal. Fausto e Margarida acabam mal. Dom Quixote e Dulcineia acabam mal. Romeu e Julieta, que são adolescentes, acabam mal. Violeta e Alfredo, que acabam mal n'*A Dama das Camélias* e n'*A Traviata* e inspiraram os nossos Godofredo e Julieta, também acabam mal. Enfim, o amor feliz não tem chance nos romances, nas peças nem nos filmes. Isso me entristece.

ATOR
Mas tem que ser assim. Imagina um casal feliz. Não há drama nem emoção. Tá tudo certo. Quem quer falar disso? Aliás, falar o que, se tudo tá certo, se tudo é pura felicidade?

ATRIZ
Aí a gente tem que ficar no palco se rasgando de tanta desgraça, tanto desencontro, tanta infelicidade!

ATOR
Mas é disso que o público gosta. Quanto mais sofrimento, mais emoção. Você pode até fazer com que tudo acabe bem. Mas tem que ser só uma cena. De preferência a final. É o famoso *happy-end*.

ATRIZ
É verdade. E anota aí que eu tou concordando com você. A felicidade é boa na vida real, tudo acabar bem, ninguém morrer e viver juntos para sempre. Mas isso, no palco, é chato.

ATOR
Mas na vida real também, a maior parte dos casais acaba mal. Um que acaba de se dar mal, durante esse espetáculo, foi o Varela e a Godelívia.

ATRIZ
Quem?

ATOR
O dono do teatro e a bilheteira.

ATRIZ
Mas o casal não era a bilheteira e o contrarregra?

ATOR
Pois é. Mas o contrarregra veio me contar que o Varela demitiu a moça. Pegou o contrarregra com ela atrás da rotunda, durante o espetáculo.

ATRIZ
Fazendo o quê?

ATOR
Teatro. Ele interpretava o Bill Clinton e ela, a Monica Levinsky.

ATRIZ
Coitada! Ela era meio doidinha, mas perder o emprego só por chupar um sorvete? E o Clinton disse que isso nem é sexo.

ATOR
Se não há penetração, não há sexo — ele disse.

ATRIZ
Nem mesmo penetração bucal?

ATOR
Mas, pela lei, boca e língua não são órgãos genitais.

ATRIZ
A lei não sabe o que está perdendo. Há quem diga até que a língua é um órgão sexual que os antigos usavam para falar.

ATOR
Tudo pode ser órgão sexual. Aliás, tudo é sexo.

ATRIZ
Pô, você é tarado ou eu é que não tou sabendo aproveitar.

ATOR
Teve um filósofo que disse que até o trabalho pode ser sexo. Ele disse, por exemplo, que a nossa atividade, de artista, é libidinal. Dá tanto prazer, que é quase como um orgasmo.

ATRIZ
Você goza quando representa?

ATOR
Gozo. Gozo todo mundo.

ATRIZ
Eu falo do outro gozo. Você tem orgasmo?

ATOR
Claro. Mas não aqui, no palco. Lá em casa, claro que tenho. Mas por que estamos falando de minha vida sexual na vista do público?

ATRIZ
Ora, por quê! Numa peça chamada *Doce deleite*, se não se falar em sexo, não se estará falando em deleite. Há algum deleite maior do que sexo? Se o seu filósofo disse que a arte é libidinal, falar de teatro é o mesmo que falar em sexo. Então, falar em sexo pode ser falar em teatro. E tanto faz ser homem como ser mulher. A diferença é apenas de um pênis. Um mero "apênisse".

Ambos acabam de mudar seus figurinos.

Décimo Quadro
A tese do Dr. Noham Freud

O DR. NOHAM FREUD, *nos seus setenta e oito anos, desalinhados cabelos brancos e óculos de fundo de garrafa, caminha com dificuldade até a tribuna — uma nova possibilidade cenográfica da "bilheteria". Sua casaca escura, com caspas acumulando-se nos ombros, revela solenidade e austeridade. À frente de tribuna pode-se ler: "Conferencista:* DR. NOHAM FREUD. *Penissicanalista".*

NOHAM
É com respeito que me dirijo aos ilustres membros desta honorável Sociedade Científica. Sinto-me honrado de merecer a atenção dos senhores para relatar uma experiência científica, que quero submeter à apreciação dos senhores, assim como ouvir a sábia avaliação desta comunidade. (*Pausa*) Desenvolvi, com minha equipe de assistentes, uma pesquisa de campo, utilizando metodologia experimental, a partir do conceito freudiano de que o cerne da "psique" feminina está centrado no que tem sido chamado de "inveja do pênis". (*Pausa*) Depois de estudar uma amostragem formada por quase quatrocentos mil casos, posso afirmar, com segurança, que a tese de Freud revelou-se correta. Confirmamos que efetivamente a inveja do pênis existe em 86% das mulheres observadas, sendo que, dos 14% restantes, doze por cento odeiam

pênis — o que não permite confirmar a existência da inveja, a não ser por uma ilação psicanalítica de que "se odeia o que se deseja e não se pode ter". Esse grupo, das que odeiam pênis, era formado na sua maioria por mulheres casadas fiéis. (*Pausa*) Os 2% restantes não sabem o que é pênis, sequer viram algum na vida. Esse grupo tem idade na faixa entre seis meses e um ano e dois meses. (*Pausa*) O nosso trabalho concentrou-se naqueles 86% de mulheres que confirmaram ter inveja do pênis. Entenda-se bem: elas não têm, propriamente, inveja do pênis, mas inveja do homem — que tem o pênis. Portanto, essas mulheres seriam mais felizes se tivessem um pênis só para elas. Mas vejam bem: não se trata do pênis de um homem para o uso, convencional e exclusivo, delas. Tentarei me explicar melhor: elas não aspiram apenas a um pênis fiel. Elas aspiram a um pênis nelas. Nelas, sim; porém não penetrados nelas — negação claríssima até mesmo naquelas declaradamente insaciáveis — mas dependurados nelas, com a mesma inutilidade que se vê nos homens. Curiosamente, a pesquisa verificou que, apesar de desejarem o pênis, isto não significa que queiram renunciar às suas genitálias originais. Querem a ambas genitálias, num hermafroditismo inútil devido à impossibilidade da autossatisfação e da autossuficiência. Outra constatação curiosa nós obtivemos a partir de uma simulação. Imaginando-se que lhes fora pespegado um pênis adicional, perguntamos com que parceiro gostariam de se relacionar a partir de então. E todas, unanimemente, responderam que prefeririam se relacionar com o sexo oposto. Sem sabermos qual seria o sexo oposto ao de alguém que tem ambos, concluímos pelo homem, por acharmos que ter um único sexo é o sexo oposto a quem tem ambos. Isso pode até ser interpretado como uma espécie de machismo. Mas, eu pergunto, não sendo o homem, qual seria o sexo oposto ao de quem pertence aos dois sexos? Machista ou não, a nossa conclusão foi de que, mesmo ambicionando a ambas as genitálias, a grande maioria das mulheres ainda prefere ter homens como parceiros. Sem meios de interpretar o completo significado dessa desconcertante conclusão parcial, prosseguimos as nossas investigações. E chegamos a uma conclusão que me parece tão original, que me dispus a anunciá-la a esta douta assembleia de mestres do saber. Nós concluímos que, de fato, a mulher, como Freud anunciara, inveja o pênis. Mas isso se deve a um grande equívoco de interpretação da cultura e da anatomia. Explico-me melhor: (*Pausa*) A anatomia identifica o pênis como órgão genital masculino. A identificação tem a sua lógica, uma vez que o dito pênis está, efetivamente, localizado no corpo masculino. No entanto, é sabido que se trata de um pertencimento singular, quase metafórico, pois não é completo nem absoluto. Tanto é assim, que o pênis não obedece às ordens que o homem lhe envia através do sistema nervoso central. Sabemos todos que o pênis enrijece ou amolece à revelia do homem ao qual está apenso. Se o homem ordena, às vezes em situações dramáticas: endureça!, o pênis o ignora sem nenhuma solenidade. Se, ao contrário, ele endurece em ambientes formais, e o homem, constrangido, ordena que amoleça, o pênis faz ouvidos moucos, e simplesmente ignora a ordem daquele que lhe serve de cabide. Então, é uma impropriedade científica dizer-se que o pênis pertence ao homem. Que pertencimento é esse, que não deve obediência, nem respeito, nem, muito menos, vassalagem. A rigor, o pênis está apenas apenso ao homem. Mas essa foi uma constatação ainda parcial. Ao avançarmos na investigação, descobrimos que, se desdenha o homem, o pênis obedece como um cãozinho medroso, submete-se como um escravo ameaçado, é à mulher. Diante de uma mulher, o pênis se rende, entrega-se, oferece-se com tal generosidade que, aos primeiros carinhos, ergue-se altivo como um cãozinho de pé nas duas patinhas, retribui à mão que o toca com tal gratidão que o fluxo sanguíneo se concentra corando-o com o vermelho da emoção. Incha-se de prazer ao reconhecer a delicadeza das mãos que lhe dão ordens silenciosas. Ignora tão completamente o corpo ao qual está apenso — e que só lhe reconhece utilidade para a escatológica função de mijar — que parece inflado pelo orgulho de quem se sente independente para obedecer a quaisquer mãos forasteiras. E o fenômeno se repete mesmo à distância. Sem qualquer toque físico, mas sempre sob o comando de uma mulher. Basta que o homem a contemple por alguns instantes para que ela, às vezes, até sem saber do que é capaz o seu próprio poder, assuma o comando. Logo as frias cavernas do pênis se entumecem com a pressão sanguínea e lá vai ele, subindo e subindo, numa decolagem comandada por controle remoto, que ignora e despreza a vontade do homem. Foi avaliando esses princípios de funcionamento do pênis que deduzimos o grande equívoco da cultura: o pênis está apenso ao homem, mas pertence realmente é à mulher, a única que entende as suas fragilidades, as suas manhas, e sabe como levar à explosão suas insuspeitadas força e vitalidade. Que é capaz, enfim, de transformar uma miserável lagarta morta e enrugada pelo abandono, num exuberante totem em louvor à luxúria! Essa situação singular, de pertencer a um e estar no corpo de outro, sugere que o pênis é algo a ser compartilhado pelo homem e a mulher, ou outras parelhas menos ortodoxas, é algo de uso comum, quiçá comunitário. O pênis é, pois, o único órgão que já nasceu socialista. Por isso é que tem cabeça.

Apesar de ser careca e enrugado, pode abrir caminhos para usufruir e proporcionar novos prazeres. Basta entregá-lo aos tratos de quem verdadeiramente o ama, aprecia, conhece e comanda: uma mulher.

O DR. NOHAM FREUD curva-se aos aplausos da Academia de Ciências e se afasta, repetindo os agradecimentos. Sai a placa afixada à tribuna.

Décimo Primeiro Quadro
Conselhos domésticos

À frente da tribuna está fixada placa onde se lê: "Conselhos Domésticos da PROFESSORA MARIÂNGELA*". Ela entra em cena e ocupa a tribuna.*

MARIÂNGELA

Olá, meninas! No programa de hoje, nós aprenderemos a tomar sorvete. Vocês vivem tomando sorvete, mas, garanto, ainda não sabem aproveitar todo o prazer e alegria que o sorvete pode proporcionar. O nosso programa está interessado no futuro de vocês. Que sejam felizes, é o nosso propósito! E o que é a felicidade? A felicidade consiste fundamentalmente em saber sugar tudo o que a vida pode oferecer. E nada mais gostoso e gratificante do que saber chupar um sorvete. Arrancar até a última gota de prazer, usufruir até o último pingo de satisfação. Para que possamos aproveitar todas as delícias de um sorvete, precisamos de uma preparação. Talvez algumas de vocês estranhem eu falar em preparação para um ato tão simples, tão corriqueiro e espontâneo. Mas a ciência está aí exatamente para nos revelar os métodos que nos levem a tirar o máximo até do gesto mais trivial. Vamos lá? (*Ela sorri didaticamente*) Um dos órgãos mais importantes no ato de chupar é a língua. (*Põe a língua para fora*) Aqui está uma língua. A língua precisa ser treinada com exercícios para, ao mesmo tempo, fortalecê-la e dar-lhe flexibilidade, requisitos indispensáveis para bem chupar um sorvete. Vamos a alguns exercícios. Todas comigo, todas com as línguas a postos. Primeiro exercício: endureça a língua e estique-a para fora o mais que puder. (*Faz*) Assim, estão vendo? Agora, recolha rapidamente. Então, vou repetir. O exercício é apenas esticar o mais que puder, e recolher rapidamente. Todas fazendo o exercício três vezes. (*Faz*) Ótimo! O segundo exercício é o seguinte: tente tocar o nariz com a língua. Assim. (*Faz*) Três vezes por dia serão suficientes para dar à sua língua uma boa extensão e um bom alcance, o que é importante, pois, hoje em dia, há sorvetes enormes. O terceiro exercício visa também a aumentar a extensão: tente tocar o queixo com a língua. Assim. Conseguiram? É simples. Esse deve ser feito umas três vezes por dia. E agora, o último exercício. Prestem atenção. Gire a língua sobre os lábios, três vezes da esquerda para a direita. Assim. Depois, reverta o movimento, repetindo-o três vezes da direita para a esquerda. Ótimo! Se vocês repetirem os três exercícios, três vezes por dia durante um mês, estarão plenamente aptas a chuparem sorvetes de qualquer tamanho e usufruírem todo o prazer a que têm direito. Vamos agora ao sorvete propriamente dito. (*Ela pega um sorvete duplo de casquinha*) Aqui está o nosso sorvete, de tamanho médio. Se você se exercitou durante todo o mês, terá todas as condições para retirar de um mero e vulgar sorvete o mais profundo e gratificante prazer. Inicialmente, você poderá atuar diretamente sobre a parte superior do sorvete, esta mais rombuda... digamos que seja a cabeça do sorvete. Faça círculos espirais, dê lambidelas delicadas como um gatinho tomando leite. Você poderá ficar horas nessa brincadeira deliciosa, isto é, se o sorvete tiver consistência e não respingar, melando tudo antes da hora, e furtando-lhe um pouco do prazer. Você pode também abrir bem a boca e introduzir todo o cone, até que seus lábios toquem aquela interseção com a casquinha. Em seguida, retire o sorvete lentamente. Esse movimento pode ser repetido inúmeras vezes, isto é, se o sorvete não derreter em sua boca. Há quem seja sensível a estímulos sonoros. Nesse caso, no contato da língua com o sorvete, podem-se produzir alguns ruídos que tornam ainda mais agradável o seu sorvete. Quando ele começar a derreter-se, e isso, às vezes, acontece de repente, você deve estar atenta e ficar esperta para aparar todos os pingos. A melhor maneira é segurá-lo bem, erguê-lo um pouco e, mantendo a boca aberta, aparar os pingos na ponta da língua. Contudo, nesses casos, o mais seguro mesmo, para evitar respingos ou lambanças é, aos primeiros sinais de que vai derreter, enfiá-lo todo na boca, gulosamente, e demorar o mais que puder, deixando-o derreter-se completamente e permitindo que o paladar apreenda integralmente o sabor, a consistência e a temperatura. Só o retire da boca quando perceber que restou apenas a casquinha, murcha pela umidade. Dessa maneira, você fruirá todo o prazer e a emoção que um sorvete pode lhe dar. Um beijo para vocês e até breve, num próximo encontro para novos Conselhos Domésticos da professora Mariângela.

Ela sai de cena.

Décimo Segundo Quadro
Amor, senil amor

O casal septuagenário entra no quarto de dormir. A "bilheteria" volta a ser cama. Ambos estão extremamente bem-vestidos, pois voltam de uma festa.

ROMUALDO
Bonum vinum laetificat cor hominis!

MARGARIDA
Basta uma taça de vinho e o velho professor de latim se reencarna.

ROMUALDO
Minha querida Margarida, eu apenas repeti Virgílio.

MARGARIDA
Mas traduza, Romualdo. Quero participar da sua alegria.

ROMUALDO
O bom vinho alegra o coração do homem.

MARGARIDA
Estou tão feliz, Romualdo. Não queria que a festa acabasse. Ainda estou com vontade de dançar.

ROMUALDO
Sabe o que disse Virgílio na *Eneida*? *Varium et mutabile semper femina*. A mulher é algo imutável e inconstante. Aparentemen-

te é apenas um paradoxo, mas, no fundo, é, de fato, um paradoxo. Em plena festa, você renunciava à dança para vir dormir; agora, você renuncia ao sono para dançar. Entenda-se as esfinges! Mas hoje é uma noite especial para nós dois, minha querida Margarida. Dancemos, pois!

Os dois dançam pelo quarto.

ROMUALDO
(*Dançando*) Oh, minha doce Margarida. Quem diria! Há exatamente dez anos, nossos filhos e amigos nos davam por mortos. E, no entanto, cá estamos a bailar, comemorando justamente os dez anos daquele acidente.

MARGARIDA
Dez anos da nossa ressurreição.

ROMUALDO
Fugit irreparabile tempus!, diria Virgílio. Foge o tempo irreparável! De repente, sem que nos apercebêssemos, eis-nos septuagenários! Mas não temos do que nos queixar, minha fiel Margarida. A vida nos tem sido pródiga. Virgílio diria: *Pauci quos aequs amavit Júpiter!* Estamos entre os raros que Júpiter amou!

MARGARIDA
Romualdo, para de fazer discursos e vamos conversar feito gente!

ROMUALDO
Segundo Quintiliano, o homem verdadeiramente sábio deve aliar a honestidade de vida à perfeição oratória: *vir bonus dicenti peritus*.

Ela para de dançar.

MARGARIDA
Romualdo, você está no quarto com sua mulher e não no senado romano.

ROMUALDO
Perdoe seu velho companheiro, amada minha. É o vinho, o bendito vinho, que me excita a mente.

MARGARIDA
E esse bendito vinho não lhe excita mais nada além da mente?

ROMUALDO
E como excita, Margarida! É um calor sensual que se espalha por todo o corpo, buscando a explosão, mas... Margarida, querida, *nec semper lilia florent!*

MARGARIDA
Fala, Romualdo! Esquece desse Virgílio e fala, homem!

ROMUALDO
Nem sempre os lírios florescem...

MARGARIDA
Lírios só florescem com a raiz enfiada na cova.

ROMUALDO
Margarida, querida, creio ter entendido a sua metáfora. Fico eufórico, mas logo reconsidero. De que adianta esse calor que me sobe pelo corpo? Olha bem para nós: o que pode uma raiz murcha enfiada numa cova seca?

MARGARIDA
Fora da cova é que ela não fará nada.

ROMUALDO
Consolemo-nos, Margarida. É o ritmo da vida. Anda, me dá o beijo da sua compreensão.

Eles se beijam.

MARGARIDA
Ai, que gostoso, Romualdo. Eu não quero me consolar sozinha. Morde meus lábios. Assim, meu amor. Bem molhado! Esquisito, meu bem. Minha língua não está cabendo mais em sua boca.

ROMUALDO
Eu também estou estranhando. A sua boca é que parece ter crescido.

MARGARIDA
Romualdo do céu! Nós trocamos as dentaduras. Por isso é que durante a festa eu não conseguia fechar a boca.

ROMUALDO
E eu não conseguia abrir.

MARGARIDA
Passei quatro horas rindo. Será que alguém desconfiou?

ROMUALDO
Ninguém desconfia de quem sorri numa festa. Se você chorasse, estranhariam. Eu, sim, é que estive ridículo, com essa boca franzida. Se abrisse o bico, a dentadura caía. Engraçado é que eu estranhava, mas atribuía ao vinho rascante que andei bebericando. Mas agora, começo a me lembrar que, assim que pus a dentadura, desconfiei que havia algo errado. Descobri restos de doce entre os dentes. E eu nunca como doce.

MARGARIDA
Vamos destrocar sem pegar. Põe a sua boca na minha.

Eles põem a boca na boca e tentam destrocar sem pegar.

ROMUALDO
Ah, Margarida, aquele velho fogo está subindo.

MARGARIDA
Subindo, Romualdo? Que maravilha!

ROMUALDO
Estou me sentindo como um vulcão extinto começando a reacender.

MARGARIDA
Deixa eu soprar essa chamazinha pelo seu ouvido! O fogo continua subindo?

ROMUALDO
Subindo, subindo, com tanta força que vai cuspir lava para todo lado.

MARGARIDA
Ai, Romualdo! Não deixa desperdiçar! Cospe essa lava dentro de mim! Me queima com a sua lava quente!

ROMUALDO
Margarida, eu quero... eu quero... eu quero rosetar!

MARGARIDA
Ai, Romualdo, que gostoso! Me ajuda a tirar essa roupa depressa! (*Romualdo tenta ajudá-la a abrir o zíper*) Para baixo, Romualdo! (*Ele insiste, mas não consegue*) Calma, meu bem! Não é força, é jeito! E o foguinho, continua subindo?

ROMUALDO
Continua... continua...

MARGARIDA
Mantém o foguinho aceso, Romualdo!

ROMUALDO
Se esfriar, só no ano que vem.

MARGARIDA
Puxa o fecho pra baixo.

ROMUALDO
Agora que o fogo sobe, esse fecho não desce!

MARGARIDA
Calma, meu bem. Senão o foguinho apaga. Presta atenção: eu prendo a respiração, afrouxo o peito e você puxa o fecho.

ROMUALDO
Entendi: você murcha o peito, afrouxa o fecho e eu puxo pra baixo.

MARGARIDA
(*De respiração presa*) Puxa o fecho, seu trouxa, que está frouxo!

ROMUALDO *puxa o fecho, mas não consegue e se desespera.*

ROMUALDO
Isso não é um vestido! É uma camisa de força!

Súbito, ele levanta-lhe a saia, tentando tirar o vestido de baixo para cima.

MARGARIDA
Assim não sai, Romualdo! Não adianta!

DOCE DELEITE

####### ROMUALDO
(*Descobrindo*) Margarida! Que belo par de nádegas!

Ele a ergue por trás e anda pelo quarto.

####### MARGARIDA
Então, você gosta da minha bundinha? E nunca falou! É sua, meu bem! É toda sua! E o seu foguinho continua aceso?

####### ROMUALDO
Aceso como nunca!

Ele a põe de quatro e se aperta contra ela.

####### MARGARIDA
Sem tirar o vestido, não dá, Romualdo! Estou de cinta-calça!

*Em desespero crescente, ele volta a tentar
abrir o fecho e corta o dedo.*

####### ROMUALDO
Ai, cortei a porra do dedo!

####### MARGARIDA
Oh, que pena! Deixa eu ver!

Ela põe o dedo dele na boca para estancar o sangue.

####### ROMUALDO
Ah, que gostoso, Margarida! Chupa mais! Chupa mais!

*Num ímpeto incontrolável, ele a empurra sobre a cama
e puxa o fecho com violência. Na sonoplastia, ruído
forte de tecido rasgando. Os dois se assustam.*

####### MARGARIDA
Você me rasgou, Romualdo?

ROMUALDO
Não, Margarida! Foi o vestido!

MARGARIDA
Então me rasga, Romualdo! Me usa, Romualdo! Me maltrata, Romualdo! Você sempre me respeitou demais e eu sempre tive fantasias de ser possuída com violência!

Ele salta sobre ela num ímpeto selvagem.

MARGARIDA
Mas, antes de me usar, Romualdo, cuida do meu braço!

Decepcionado, ele se levanta, pega umas ferramentas e volta à cama. Desaperta alguns parafusos e retira o braço de margarida. *Na sonoplastia, ouvem-se ruídos de atrito entre metais.*

MARGARIDA
Oh, que alívio! Esse braço me pesa tanto. Deixa aqui, junto da cama, Romualdo, senão amanhã eu não encontro. Agora, acaba de tirar a minha roupa. Sem braço eu não consigo.

Ele põe-se a tirar a roupa dela. Súbito, à visão que se lhe revela, é tomado de euforia.

ROMUALDO
Oh, *pubes flammae abstrusa in venis silicis! Mirabile visu! Omne ignoto pro magnifico!*

MARGARIDA
Traduz, Romualdo. Deve ser uma besteira, mas quando estou nua, fico tão insegura!

DOCE DELEITE

ROMUALDO
Oh, púbis das chamas escondidas nos veios das pedras. Visão maravilhosa! Tudo que é escondido é tido como magnífico!

ROMUALDO *enfia a cabeça entre as pernas de* MARGARIDA.

MARGARIDA
(*Num crescendo de excitação*) Ai, Romualdo, você é um grande poliglota! Um grande professor de línguas! Você nasceu para lidar com línguas! (*Em gritinhos ritmados*) Ai, ui, ai, ui, ai, ui...

ROMUALDO
(*Erguendo-se de entre as pernas dela*) Oh, Virgílio, poeta preferido das musas! Se não deixastes um bom verso para esse momento, é porque não provaste o prazer de chupar uma boceta! Se me deixas órfão de uma boa citação, resta-me o consolo da própria ação!

E ele volta a mergulhar entre as pernas de MARGARIDA.

MARGARIDA
(*Retornando aos gritinhos ritmados*) Ai, ui, ai, ui...

ROMUALDO
(*Erguendo-se outra vez aos gritos*) Thalassa! Thalassa! É o mar! É o mar, esse aguaceiro que vem aí!

MARGARIDA
Romualdo do céu! Eu estou ficando toda mole!

ROMUALDO
Pelo aguaceiro você está se dissolvendo, Margarida!

MARGARIDA
Tira essa roupa depressa, Romualdo! Vamos jogar a minha água no seu fogo!

Ele se despe rapidamente, enquanto ela o acaricia.

MARGARIDA
Ai, Romualdo, eu estou doida para fazer indecências! Coisa pesada, sabe, Romualdo? Você também quer, Romualdo, coisa pesada?

ROMUALDO
Quero, Margarida! Quero tudo a que tenho direito! *Varietas delectat!* A variedade delicia!

MARGARIDA
Então, deita, que eu vou fazer do seu foguinho um incêndio.

Ela se deita sobre ele e se acariciam.
Súbito, ela dá um grito de dor.

MARGARIDA
Ai, Romualdo! Me machuquei! Foram os parafusos!

ROMUALDO
Não foram os parafusos!

MARGARIDA
Olha aqui. Me feriu o joelho.

ROMUALDO
Foram as porcas ou então os arrebites.

MARGARIDA
As quinas me cortaram.

ROMUALDO
Então, me ajuda a tirar essa maldita perna!

MARGARIDA
Ajudar, como, sem o braço?

ROMUALDO *levanta-se, pega as ferramentas, senta na cama e desaperta, ele mesmo, os parafusos de sua perna, retirando-a. Na sonoplastia, ouve-se o ruído de atrito entre metais.*

ROMUALDO
Com essa história de fazer *cooper* na praia, a maresia está comendo a minha perna. (*Ela vai guardar a perna*) Deixa junto da cama, senão amanhã tenho que sair pulando por aí.

Ela encosta a perna ao lado da cama.

MARGARIDA
(*Procurando e acariciando*) E onde está aquela coisinha? (*Desabotoando-lhe a braguilha*) Onde está, Romualdo, a coisa?

ROMUALDO
Latet anguis in herba. A serpente está sob a herva.

MARGARIDA
Olha, Romualdo! A serpente se enroscou para dormir.

ROMUALDO
Margarida, para saber disso eu não preciso de você. Acorde a fera que hiberna e saberá do que ela é capaz.

MARGARIDA
Ficar nervoso só piora, Romualdo. Aí é que ele encolhe mesmo!

ROMUALDO
Então, mãos à obra, mulher!

MARGARIDA
Com a mão na obra já estou. Só me resta pôr a obra na boca!

MARGARIDA *enfia a cabeça entre as pernas de* ROMUALDO.

ROMUALDO
Ai, Margarida! Já senti umas comichões!

MARGARIDA
Concentra, Romualdo. Concentra. Isso é como uma sessão de levitação.

ROMUALDO
Com essa concentração, sou capaz de levantar o Pão de Açúcar!

MARGARIDA
Olha, Romualdo! Está desenrolando!

ROMUALDO
Parturient montes; nascetur ridiculus mus!

MARGARIDA
Assim não dá, Romualdo! Você pensando em Virgílio!

ROMUALDO
Você acha que eu iria citar Virgílio numa hora dessa? Isso é de Horácio: as montanhas partejam, mas nascerá um ridículo rato!

MARGARIDA
Que gracinha, Romualdo! O ratinho já está quase ficando de pé. Ficou! Ficou em pé sozinho! E lá vai ele, Romualdo! Lá vai ele bem fogoso!

ROMUALDO
Vem cá, Margarida. Vamos aproveitar esse embalo e plantar logo o nosso lírio!

MARGARIDA
Mas ainda está jonjo!

ROMUALDO
Jonjo não é duro, mas também não é mole. É agora ou nunca!

Rapidamente, eles assumem a tradicional posição e
ROMUALDO *cavalga célere, gritando excitadíssimo.*

ROMUALDO
Amor, pauperibus divirtiae, divitibus ornamentum seninus plectamentum!

MARGARIDA
(*Em excitação crescente*) O amor é a riqueza dos pobres, o adorno dos ricos e a distração dos velhos!

...e tudo explode num longo e plenamente prazeroso
gemido, após o qual o casal se entrega às delícias do
sono, exauridos pelos esforços de sua conquista...
O par de atores levanta-se, livra-se de figurinos
e adereços, e, de mãos dadas, se despede:

ATOR/ATRIZ
Poder ser outros sem deixar de ser o que somos é o que torna possível esta magia: enquanto temos orgasmos no palco, lhes oferecemos este doce deleite.

FIM

RIO, DEZEMBRO, 1980

Entrevista com Camila Morgado

(Teatro dos Quatro, 21 de agosto de 2008)

Catharina Epprecht — Como foi seu primeiro contato com a peça? Quando surgiu o convite da Marília Pêra, você já conhecia o texto?

Camila Morgado — Eu sabia da existência da peça, sabia que tinha sido montada mais ou menos em 1981, não sabia ao certo o ano, mas sabia que era por ali e que tinha sido um grande marco para o teatro brasileiro. Quando eu falei uma vez besteirol, a Marília disse: "Eu não vejo essa peça como besteirol." Mas, bom, eu sabia que tinha sido uma virada. Eu li umas críticas da época e sabia da Marília e do Nanini, e que a peça tinha sido um grande estouro. Então eu sabia um pouco do movimento e da importância dessa peça. Até que uma vez eu estava fazendo uma minissérie com a Marília, *JK*, e a gente ficou muito próxima. Eu tenho muita admiração por ela. Foi uma das atrizes que, quando eu era uma jovem iniciante, me guiavam. E ainda me guia. E eu já estava querendo montar uma coisa mais leve, uma comédia, porque na televisão e no cinema — no teatro, não —, me deram papéis mais tensos e densos e eu acabei sendo conhecida pelo grande público por isso.

CE — E isso incomodava você?

CM — A princípio não, mas depois passou a incomodar um pouquinho. Eu fiquei conhecida pelo grande público, da televisão e do cinema, por isso. E [o filme] *Olga* foi uma coisa muito forte na minha carreira, foi muito divulgado. Então ficou muito marcada essa coisa: "A Camila é uma atriz dramática, muito densa." E eu não sou isso. Eu sou uma *atriz*. Eu espero que eu não seja só isso. Então eu fiquei com isso na cabeça: tenho que fazer uma comédia. Comecei a procurar textos que me dessem outras possibilidades, não necessariamente uma comédia, mas textos mais leves e que me dessem outras possibilidades como atriz, que as pessoas pudessem ver de outra forma. Eu estava há seis anos sem pisar nos palcos. Comecei, com 17 anos, a estudar teatro e a minha formação foi toda por teatros. Não que eu tenha uma grande estrada no teatro, mas a minha formação foi por ali. Então eu estava já... louca. Estava me sufocando, eu sentia que tinha que voltar para o teatro. Porque eu vejo que o teatro é a fonte do respiro do artista, de aprendizagem. É onde a gente tem mais retorno de aprendizagem. Então eu já estava louca para entrar para o teatro, procurando textos mais leves. E um dia a Marília chegou para mim, ela sabia dessa minha vontade — a gente conversava, trabalhava juntas —, tinha acabado a minissérie. Ela chegou pra mim... Foi muito engraçado porque o produtor da peça, o [Eduardo] Barata, antes disso tinha me dado o *Doce deleite* para ler. Eu li e gostei. Pensei: "Taí uma comédia que eu posso fazer." Só que eu ia viajar para

Berlim, para um festival com *Olga*, depois ia ter outras viagens, tudo com o filme. E ele queria estrear logo em seguida, e na data que ele queria eu não podia. Eu tive de dizer não para o Eduardo Barata.

CE — Já tinha lido o texto, tinha gostado...

CM — É. Mas falei que não poderia. Depois fiz a minissérie, encontrei a Marília e ela disse: "Camila, vou montar *Doce deleite.*" E perguntei: "Como assim?" Porque na época em que eu li não era com a Marília. Era um projeto que o Barata estava tentando viabilizar, e na data em que ele queria não deu certo. Não coincidiram os horários dos atores e diretores que ele estava contactando. E ele pediu à Marília para dirigir. E ela veio: "Agora quem vai dirigir sou eu. E eu queria que você fizesse." Eu não acreditei! Porque eu estava com a agenda vaga, eu já tinha lido o texto e estava recebendo um convite da Marília Pêra! Eu tenho uma história com ela muito engraçada. Eu tinha 19 anos e ela foi com [a peça] *Master Class* para Petrópolis. (Eu sou de Petrópolis.) E aí, fui assistir ao espetáculo e no final eu fui falar com a Marília. Só que fiquei tão emocionada de vê-la, que eu fiquei... Fiquei muito emocionada, paguei aquele mico, né? Ela percebeu e me perguntou: "Você é atriz?" Eu falei: "Ah, eu estou tentando." E ela disse: "Boa sorte." Eu respondi: "Obrigada." E quando eu fiz *JK*, eu contei essa história para ela e ela riu muito. Então anos depois, ela me chama para fazer *Doce deleite,* dirigida por ela; eu pensei: "Não estou acreditando. Está tudo dando muito certo." Sabe? Tudo certo, no momento certo.

CE — E quando foi o convite? Ela fez primeiro o convite a você, não é? Depois ao Reynaldo Gianecchini...

CM — A gente começou a se preparar em junho, julho, então o convite foi em janeiro. Não tinha outras pessoas. Ela falou: "Não sei quem é o ator." Depois de uns meses, ela me ligou e falou do Gianecchini. Aí a gente fez um primeiro encontro, uma leitura. E ela disse que queria que a gente fizesse *ballet* clássico, pela postura... Ela disse que sempre viu o *Doce deleite* como uma comédia muito elegante, onde se colocam os truques do teatro em cena — o artesanato. E a Marília é muito boa nisso, sabe? Ela entende muito de teatro. E ela disse: "Eu quero que vocês façam *ballet* para ter uma postura. É uma comédia, mas é muito elegante, sobre o teatro, sobre o fazer teatro. E eu quero isso de uma maneira muito sofisticada."

CE — Mas ela já tinha a ideia de incluir uma cena de *ballet* na montagem? Porque essa cena não estava na peça.

CM — Na verdade essa peça é bem diferente da primeira montagem. Tem alguns quadros... Eu procurei até um vídeo da peça, mas a Marília disse que não tinha. Eu procurei na internet, mas só achei fotos. Então, eu não vi muito da peça, o que por um lado talvez até tenha sido bom. Mas sei que os dois espetáculos ficaram muito diferentes, a peça tinha duas horas e meia! A ópera está no texto, mas a ópera que a gente faz é outra. Aliás, ela também pediu que fizéssemos aula de canto desde o início. Então a gente teve essa sorte, de a agenda dos três não estar certinha porque tivemos tempo de nos preparar dez meses, até começar a fazer as leituras. Antes, a gente lia mais ou menos, mas só nos últimos dois meses é que ensaiamos.

CE — E você teve alguma preocupação, algum medo, por a peça já ter sido montada com dois nomes fortíssimos do teatro...

CM — Deu. E eu fiquei pensando se as pessoas iam querer comparar, se iam falar. Mas o que me deu tranquilidade foi que eu estava nas mãos da Marília. Ela não abandonou a gente. Pode-se dizer que ela estava dando a bênção.

CE — E no seu caso isso se "agrava" porque para o Gianecchini, é lógico, foi um superator quem estava no papel na primeira montagem. Mas para você a atriz da primeira montagem estava presente, estava te dirigindo. Como foi essa situação?

CM — Foi muito tranquila. A Marília foi muito tranquila. Acho que a situação foi assim para mim e para o Giane, as pessoas podiam comparar. Mas também ficamos mais tranquilos porque é outra peça. E a Marília deixou isso muito claro. E o fato de ela dirigir... eu confio muito nela. Fiquei num processo de muita abertura, embora no início também eu ficasse vendo a Marília Pêra, e não a diretora. No começo foi muito difícil, eu tinha muito medo e eu não conseguia me distanciar da *Marília Pêra*, uma pessoa que eu admiro, uma grande atriz, e eu tinha de me expor para ela. Depois eu vi que ela também estava junto. Ela também estava envolvida. E eu vi que ela, como atriz, como diretora, podia ter as mesmas preocupações que eu — lógico, de maneira diferente porque ela tem muito mais experiência, mas podia ter os mesmos tipos de preocupação. Eu consegui desmitificar, eu fui perdendo o medo, a vergonha e consegui me expor. E aí ficou tudo bem, porque a Marília veio ajudando, "vem por aqui, vem por aqui...", veio como diretora mesmo.

CE — Outra questão que acho que pode amedrontar, ou desafiar, na peça é que os quadros são muito diferentes. Nesse sentido, o texto é até generoso para o ator, que pode explorar diversos tipos de teatro, e troca de roupa lá na frente de todo mundo, canta, dança...

CM — Eu adoro isso!

CE — Você se sente testada?

CM — Não, eu me sinto brincando. Hoje eu posso dizer que estou brincando ali. Eu não me sinto testada, mas eu testo muitas coisas. Essa peça é tão boa porque ela te ensina *muito*.

CE — O que você aprendeu?

CM — Primeiro, eu aprendi muito de voz, porque ela exige muito. A peça é uma comédia, ela tem cara de ser bem leve, o texto é bem popular — tirando o texto do Nohan e talvez a ópera, porque muita gente não tem o hábito de assistir a uma ópera. Os outros quadros têm uma identificação imediata com o público. Você olha e fala: "Olha que leve", "Olha que divertido." Mas é uma peça muito difícil de realizar, pro ator. É um desgaste físico absurdo. Eu fico extremamente cansada. E vocalmente ela exige muito. Eu quis imprimir uma voz para cada um, um jeito de andar para cada um, e tem o canto, então fica mais difícil porque a escala também é muito grande.

CE — Você já tinha feito algum trabalho com canto?

CM — Não, nada. Tinha feito umas aulas esporádicas, mas aprendi com Marília. Quando ela disse que a gente tinha de cantar e eu disse que não sabia, ela falou: "Aprende." Com ela é assim: as coisas não são impossíveis; você tem que tentar. E eu acho isso maravilhoso. E essa escala tem um agudo na ópera, e depois em outra música que eu canto, do Vicente Celestino, já é mais grave. Então eu tenho de estar bem vocalmente. Eu aprendi muita coisa de voz. Agora, eu tenho uma fonoaudióloga, faço exercícios, tenho uma dieta vocal, quer dizer, aprendi a economizar a voz, aprendi coisas que podem machucar sua voz. E eu sou alérgica, para piorar, então, a alergia, quando ataca, compromete a voz. Essa peça te exige muito. A gente brinca que a gente tem que ser atleta. Eu faço exercício aeróbico para ter fôlego, porque às vezes a gente dá uns tiros nuns personagens... E tem que ser tudo muito rápido, a voz tem que estar colocada. Isso tudo para parecer que é muito fácil. Se o público falar: "Nossa que fácil!", é porque meu trabalho está sendo benfeito. Por trás tem um esforço absurdo.

CE — E como foi voltar ao teatro com essa comédia?

CM — Por ser uma comédia, o público te responde de imediato. Isso é lindo. Lindo! Não que o drama não seja. Você sente... Mas é que com a comédia o público vai rir. Tem plateias que são mais tímidas, e tem plateias que são mais destravadas, expansivas, extrovertidas. Mas a resposta é imediata. E estou há cinco meses. Eu já sentia falta do teatro, mas da comédia, mais ainda. Porque as pessoas te mostram imediatamente o que funciona e o que não funciona. E ainda tem outra coisa: às vezes uma piada funciona num lugar e não em outro. A gente fez Niterói, Belo Horizonte e Brasília. E a gente vai pra São Paulo e depois talvez volte, ou viaje... Tem personagens com que as pessoas se identificam mais. Tem um momento em que o Nohan faz uma comparação com um jogo de futebol. Em Belo Horizonte, falei do Atlético, e naquele dia tinham jogado o Atlético e o Cruzeiro. As pessoas começaram a gritar, metade "Atléééético!" e metade "Cruzeeeeiro!". Eu tive de parar ali e comecei a rir. E teve até uma pessoa que saiu do teatro irritada! Mas foi tão engraçado, porque a gente estava no [teatro] Palácio das Artes, tinha mais de mil pessoas. Começou uma euforia! Isso acontece no teatro. Eu acho que o público te ensina muito. A cada dia você aprende algo novo, uma piada nova. E tem outra coisa também, conforme você fica mais relaxada, mais confiante com a peça, você fica mais engraçada. Isso te facilita fazer piada. Você está mais relaxada, mas está mais atenta. E como eu faço cinco, seis personagens, às vezes um está mais aflorado, eu percebo mais alguma coisa ali, num outro dia isso acontece com outro. Acho que com toda essa aprendizagem, eu posso dizer que hoje eu sou uma atriz mais técnica. Minha técnica ficou mais apurada, principalmente em termos vocais, porque passei por vários limites vocais.

CE — Você se conscientizou mais do que é ser "ator"...

CM — É, e exige toda uma preparação. Eu não posso pegar uma gripe, senão não vou cantar direito. Você tem que ser uma atleta, você tem que se alimentar bem, tem que se cuidar, não pode ficar saindo à noite. Imagina se eu for a uma festa e ficar falando alto, eu não vou aguentar. Não posso beber muito, imagina tomar uma cerveja gelada... Em tudo isso a gente tem que pensar. E isso é muito legal, você se conscientizar do seu trabalho! Ator é isso. Às vezes, as pessoas têm uma visão: "Ator! Que bacana! Que farra!" Não é nada disso. É o meu trabalho. O meu material de trabalho é o meu corpo, é a minha voz, meu bom humor. Eu tenho que estar bem-humorada porque eu vou levar alegria ali pras pessoas. Imagina se eu entrar tensa ali no palco! Eu tenho que estar bem! É o espetáculo!

CE — Sobre o que você falou dos times de futebol, isso tem muito a ver com uma vida que é própria do teatro. O "caco", por exemplo, permite isso, essa mobilidade. Em Minas, você vai falar do Atlético; no Rio, do Flamengo. E por mais que a peça tenha sido reescrita, mesmo os quadros que se mantiveram podem continuar. Uma peça pode ter uma vida, nesse sentido, mais longa, do que um filme, ou do que uma obra de televisão.

CM — É, até hoje eu vejo coisas que eu fiz e penso: "Nossa, eu estou tão diferente, que hoje eu faria de outra maneira." Mas elas estão ali. Já o teatro permite mesmo essa mudança.

CE — Essa é uma peculiaridade que te agrada no teatro? E o que não te agrada?

CM — É, isso é interessante. Mas tem uma coisa pra mim, no teatro, que é o mais difícil, que talvez seja o que eu não gosto tanto: decorar texto. Porque é um trabalho chato. Não é que não seja bom. Você está ali se familiarizando com o personagem, com a energia da peça. Quando eu falo energia, não é uma coisa mística. É uma coisa concreta. Então, a hora de decorar é a hora de ir se familiarizando com o texto, mas eu acho muito chato. O Giane outro dia disse: "Mas eu decoro tão rápido!" Eu não, porque eu sou paranoica, tenho medo de esquecer. Tenho pânico de esquecer. Texto de televisão e cinema é diferente porque você não tem que ter o preciosismo do teatro. No teatro, o momento é aquele. Na televisão, é tanto texto que você decora, os textos são mais fáceis. Uma novela fica oito meses no ar. Às vezes, você entra numa cena para falar: "Oi, tudo bem? Você tomou aquele remédio?" É coisa do dia a dia mesmo. No teatro, não, quase nunca é assim. No teatro você tem que saber a pontuação daquele texto, saber as intenções, onde quebra o... Decorar é assim: você senta e fica: "Pá-pá-pá. Pá-pá-pá. Pá-pá-pá..." E você tem que fazer isso várias vezes ao dia. Eu sei que o texto está decorado se eu acordo e o passo todo. Esse é um momento em que dá para saber quando está decorado e quando não está. Mas aí eu passo no chuveiro, eu passo almoçando, eu passo... É um porre! Você fica vivendo com aquele texto. Você passa três horas por dia com o texto na sua frente! E fica dando aqueles brancos nos ensaios. E isso te impede de brincar um pouco. Essa é a única parte chata. O resto pra mim é *todo* maravilhoso. Essa é a parte em que eu respiro e digo: "Tudo bem, vamos decorar." Mas o resto é maravilhoso. Acho que teatro é o único respiro do ator, é o único lugar em que dizemos: "É meu." Se é que alguma coisa é nossa, se tem algum lugar que é nosso, é o teatro. Depois que está pronto, depois que o diretor entregou, você fala: "Agora sou eu que carrego." É seu. Não tem corte. Às vezes, você faz um filme e quando está pronto, você vê um corte que nunca imaginou. Não é feito televisão. *É seu*. E é muito artesanal. Eu acho o teatro de uma beleza. É tão impressionante como é artesanal. Chega na quinta, eu venho pra cá e penso: "Meu deus! O que é que eu vou tentar?" Às vezes, eu moro um pouco mais num personagem, às vezes, em outro. E eu sempre vejo o personagem assim como artesanato. Eu nunca vejo como uma pessoa. Às vezes, eu tento assim uma coisinha tão pequena. É impressionante a construção. É realmente como um artesão, que constrói aquilo ali, que fica ali um tempo pensando aquela coisa... O outro dia, eu me peguei conversando com um amigo, um grande ator, dizendo: "Às vezes, eu acho que o que eu faço é tão inútil." E ele brincou comigo: "Camila, você tem dúvida? A arte é inútil." Isso depende de quem recebe... Fiquei tão mal com o que eu falei. Inútil pra quê? Talvez para a vida prática. Mas para o emocional, para a gente enxergar melhor as coisas, para você viver melhor, a arte é de uma utilidade que em nenhum outro lugar você vai achar. Talvez na filosofia... Eu sou apaixonada pelo teatro.

CE — Diante de todo esse processo que você relatou, como é que você se sente no momento de entrar no palco?

CM — Quando dá o terceiro sinal, eu começo a ter um pouco de medo. Quando eu era mais jovem — agora, estou com 33 anos —, assim que eu comecei a fazer teatro, eu queria logo que a cortina abrisse, porque eu queria me mostrar. Eu tinha muita vontade, muito vigor, eu queria que as pessoas vissem que eu tinha algum talento. Eu adorava, eu era tímida, mas queria estar no palco. Hoje eu tenho pânico quando dá o terceiro sinal. Depois que eu fui entender um pouco da minha profissão, eu fui ficando com mais medo, porque entendi o que é a nossa exposição. A gente tem uma exposição monstruosa! Não é pela vaidade, não é a exposição da vaidade, do "olha aqui como eu estou bonita." É uma exposição diferente. "Eu estou aberto...", a cortina subiu, e você está ali falando "eu estou aberto para receber vocês, e juntos, eu e público, vamos tentar fazer alguma coisa." Nessa abertura — que hoje eu entendo, pra mim teatro é isso, não é "eu sou uma atriz e olhem meu trabalho" —, nessa abertura de "eu estou aqui aberta, decorei esse texto e fiz o melhor que eu pude desses personagens, e vocês estão aí, uns trabalharam, outros não, uns compraram o ingresso há um tempo, outros não, uns não sabem nem muito bem o que vão ver... Mas o que é que a gente vai fazer hoje? Vamos tentar fazer o melhor?". Nesse momento, quando a cortina abre, eu sempre me sinto me jogando no precipício. Quando dá o terceiro sinal, eu penso "vou me jogar". Não tem outro jeito, você tem que se jogar, porque você não sabe no que vai dar. Quando eu me dei conta disso, que isso acontece mesmo na função do ator, e que talvez o público não saiba bem isso, comecei a ter muito medo. Mas o público está ali sempre pelo melhor, o público tem muita abertura. Imagina se eles vão pagar um ingresso para falar: "Ai, que saco!" Então, quando eu me toquei disso, comecei a ter muito medo da exposição, pensei até em desistir. Eu pensava: "Olha que loucura o que eu faço! Eu posso ser uma grande farsa e eles podem perceber isso." E aí depois eu comecei a ver a beleza disso. Me jogar no abismo, ter a capacidade de todo dia dizer "Vou me jogar hoje" é de uma beleza absurda. Hoje eu tenho um medo... suicida. É isso mesmo o que eu faço. Hoje, quando dá o terceiro sinal, eu me jogo, mas eu me jogo com consciência e falo: "Venham. Vamos fazer disso alguma coisa." No cinema tem isso também, mas é diferente. No teatro é ao vivo! É naquele momento!

CM (continuação) — Estou aqui atenta para o agora. Posso esquecer, alguém pode passar mal, pode ser lindo, pode ser horrível. Isso te faz um ser mais flexível, mais paciente, com a sensibilidade mais apurada. Porque como tudo é muito pequeno, muito sutil — é como o artesanato mesmo —, tudo depende muito da sensibilidade.

CE — Você falou um pouco de plateia. Como é que você acha que a plateia mudou nesse tempo entre as duas montagens?

CM — Bom, pra começar, o Brasil estava numa ditadura, né? A Marília disse que na cena dos velhinhos, tinha gente que saía e ia embora. Nossa, eu acho aquela cena tão linda! Os dois velhinhos se *esforçando* pra ter uma noite de amor. As pessoas ficavam indignadas. Hoje, já aconteceu mais de uma vez de uma senhorinha chegar pra mim depois da peça e dizer: "Vou te dizer uma coisa: Eu saio com vontade!" Nossa! Olha que bonitinho! Você ter a coragem de falar isso! Uma outra coisa é que a peça tinha duas horas e meia. As pessoas assistiam a duas horas e meia de teatro. Hoje, tem gente que já pergunta o tempo do espetáculo. Se tiver duas horas, as pessoas falam: "Duas horas!" Isso também é algo da formação da plateia. As pessoas hoje não têm muito tempo para reflexão, as coisas estão mais rápidas — "Duas horas!" —, talvez o hábito da reflexão não esteja tão incorporado como antes. Mas mudança não é só ruim. Hoje, talvez seja um tempo melhor para muitas outras coisas, a gente tem mais liberdade. Por exemplo, você assiste à Mariângela, e tem gente que ri tanto com aquele sorvete que se sacode. Eu sempre vejo por uma frestinha lá do palco. Tem umas mulheres que berram. Acho que a identificação é imediata porque as pessoas hoje têm mais liberdade de expressar, de viver a sexualidade. No espetáculo a gente fala muito do erótico...

CE — Do deleite...

CM — Do deleite, da sensualidade, do sensual... E eu vejo que isso pras pessoas é muito tranquilo. Isso é uma coisa muito boa, ter essa liberdade muito maior. E tem outra coisa também. Pelo que já li de algumas críticas da época, o teatro como entretenimento talvez não fosse tão bem recebido quanto hoje. Como se uma comédia fosse menor. Pode ser que eu esteja errada, mas acho que o drama antes era mais bem recebido, talvez porque faça refletir. Hoje, as pessoas gostam muito de comédia, ainda mais no Rio de Janeiro. As pessoas querem dar risada — não que o drama não tenha seu lugar —, mas procuram alguma coisa mais leve. Vamos exorcizar um pouco. A comédia pode mexer tanto com o social, com uma crítica, com uma ironia, mas também para exorcizar porque nosso social não é uma coisa equilibrada, né? No Brasil, a gente tem um social muito difícil. Vamos rir porque senão fica tudo muito difícil. E no caso do Rio, as pessoas dizem: "O Rio de Janeiro tem a cara da comédia", porque tem o carnaval, tem praia, é quente, mas também é uma cidade muito dura, tem uma violência...

CE — Tem uma outra questão sobre a plateia, com que o Alcione brinca no texto, que é "teatro sem ator de televisão não dá certo"...

CM — Acho que quando você mora na casa das pessoas, é claro que quando você estiver numa peça, as pessoas também querem te ver no teatro. Eu não acho que isso seja uma receita para o sucesso. Acho uma grande besteira pensar que essa é uma receita. Mas é fato que ajuda a chamar público. Se a pessoa te vê na televisão, se ela tiver a oportunidade de te ver ao vivo e a cores, muita gente vai querer ver. "Quero ver como ela é, se ela é magra, se ela é..." Às vezes, eu entro no palco e ouço "Meu Deus, como ela é magra!" ou "Meu Deus, como ela é branca!". As pessoas têm essa curiosidade. Isso existe, mas não é receita para sucesso.

CE — E no que isso interfere no trabalho do ator? Por exemplo, uma pessoa que vem ao teatro para ver se você é magra ou bonita, e não para ver seu trabalho.

CM — Acho que como material de divulgação pode ser muito útil. Então, ajuda a trazer público, isso pode ser um quê a mais na peça. Nossa televisão é muito vista. As pessoas amam televisão. Mas eu tento fazer com que isso não interfira no meu trabalho. Eu amo o que eu faço. Eu amo a construção, o artesanato. É o que eu mais gosto: construir personagens. Eu não gosto daquela entrevista "Vamos falar sobre a Camila...?" Eu não tenho nada que dizer sobre a Camila, eu tenho vergonha, eu sou tímida. Tudo bem, a gente até fala um pouquinho, ri e tal, mas esse não é o meu foco. Eu gosto de construir personagem. Eu posso errar com tudo, mas eu gosto disso. É por isso que eu escolhi essa carreira.

CE — E como é que você se sente por ter gente que pode estar ali só para ver a Camila da tevê, aquela coisa de celebridade, e não o trabalho da atriz?

CM — Mas acho que se alguém veio para isso e eu pude mostrar que eu consigo construir um personagem, e outro diferente, eu vou acabar iludindo ela. Isso faz parte do meu trabalho: iludi-las. Tem muita mulher que vem aqui e começa: "O Gianecchini!". Às vezes, abre a cortina e elas suspiram, dão um gritinho: "Ai!" E, de repente, um pouco depois, elas já estão na peça. Isso é lindo! Vocês vieram aqui pra nos ver, mas nós te iludimos, vocês entraram no jogo da peça, vocês entraram em cena com a gente. Às vezes, tem umas mais aflitas, mais excitadas, que demoram a entrar na peça, mas depois... Tem umas pessoas que ficam olhando para mim com uma carinha, parece que estão amedrontadas, eu já escutei várias vezes gente cochichando: "Ela fez a Olga." E, de repente, a gente iludiu e eles entram numa história e noutra e quando veem, eles estão envolvidos na história. Acho lindo poder iludir dessa forma. E para voltar a falar da televisão e do teatro, eu vim do teatro mesmo. Tudo bem que eu sou mais popular hoje por causa da televisão, mas o teatro tem seu público. Eu trabalhei com o Gerald Thomas e ele tem seu público. A gente fez peças que foram um sucesso, a *Ventriloquist*, por exemplo, as pessoas comentavam: "Você tem que ver essa peça!" E não tinha ninguém da tevê na peça. E essa influência da televisão era diferente na época da Marília. Eram companhias de teatro. O teatro, a vida teatral era mais forte. Hoje o mais forte é a televisão. Mas não sei se é um problema. Ser da televisão também é algo que chama público, que viabiliza patrocínios, mas não acho que não ser seja impedimento para fazer teatro.

CE — E o que você acha que esse público está buscando? Quais são as peculiaridades do público de teatro em relação ao de televisão e cinema?

CM — Eu acho que a reflexão é o mais importante do trabalho do artista. A gente faz uma ponte para algo que está te pirando naquele momento. No nosso espetáculo aqui, isso é a construção de personagens diferentes, é o fazer teatro, a gente mostra os truques, eu troco de roupa na frente de vocês e de repente sou outro personagem, e vocês entram. Acho que a televisão e o cinema também têm esse poder fortíssimo. Mas a grande diferença do teatro é o ator ao vivo. O teatro é o ao vivo, o aqui, o agora. Se você morre e fez um filme, ainda existe o filme: "Olha aquela atriz como era maravilhosa." No teatro, é o ao vivo. Essa pessoa existe agora na minha frente, e olha ela faz isso, faz aquilo...

CE — E o que você acha que você trouxe para essa peça, e o que vai levar dela?

CM — Primeiro eu me sinto muito agradecida por ter sido escolhida para encená-la. Hoje eu penso: "Ai, que metida que eu sou." Foram dois grandes atores que a fizeram e eu fui escolhida para encenar. Em vez daquele medo do iniciozinho, se vão comparar, tudo bem, é normal comparar. Hoje eu penso que eu fui escolhida. A Marília Pêra me chamou para fazer essa peça! E também depois de ter feito Olga, de as pessoas falarem "A Camila é muito séria", poder fazer uma comédia, mostrar que eu também sei fazer. E eu tenho aprendido tanto, porque eu estava há seis anos sem fazer teatro. Isso foi outra coisa que aprendi: nunca mais fico tanto tempo sem fazer teatro. Sem o trabalho do teatro, o ator fica muito no "se". O prático é aqui e agora, não funciona, funciona. Eu vou levar muita coisa dessa peça. E tem coisas próprias da comédia. A gente tem que ter um ritmo, tem que estar muito atento. Se perder o ritmo, a peça cai. Comédia tem muito isso, do ritmo. Se você construir a piada errada, você vai perder a piada. E logo vem a próxima, se você perder o ritmo, perde a próxima também. Isso foi uma coisa que a Marília me ensinou, quando você perde uma piada... Ela falava: "Camila, para de vaidade. Perdeu a piada, perdeu. Não fica nessa de 'Ai, perdi a piada, perdi a piada, perdi a piada.' Esquece. Não se desconcentra. Porque se você ficar pensando 'Perdi, perdi, perdi', você perde a próxima." Quando eu perco a piada, parece que dá um curto-circuito na cabeça, mas a gente tem que seguir em frente, depois pensa. Ai... É um exercício de humildade. Você tem que pensar no outro, no público, na peça, não dá pra ficar pensando "Por que eu... Por que eu...". Comédia e vaidade não dá certo. Comédia tem coisas do estranho, do escatológico, do esquisito. Não dá pra querer ficar bonito em cena. Você tem que rir de você mesmo, ser debochado, irônico, senão você fica num virtuosismo, numa *egotrip* que a comédia não quer. Essa é das peças que mais me deu um sacode. Também foi bom ver com a comédia que eu não tinha só um perfil, o perfil "tenso, denso, intenso". E eu já tinha feito comédias antes, e meus amigos dizem que eu sou engraçada, mas parecia que eu era "tensa, densa, intensa". Houve dias de eu acordar e me perguntar: "Será que eu só sei fazer isso?" Então essa peça me mostrou que eu posso fazer comédia. Isso me deu um respiro tão bom. E tecnicamente a peça me deixou mais apurada, a coisa do canto, da dança. E conseguir realizar o que a peça pedia — e antes eu não tinha noção de que isso seria possível — foi muito bom. Eu não sabia se eu ia conseguir.

Entrevista com Reynaldo Gianecchini

(Teatro dos Quatro, 21 de agosto de 2008)

Catharina Epprecht — Como foi o convite da Marília Pêra para montar *Doce deleite*? Você sabia algo da outra montagem?

Reynaldo Gianecchini — Não, eu não conhecia a peça. Mas a Marília e o [produtor Eduardo] Barata vieram me fazer o convite. Era um sonho dele, do Barata, remontar o *Doce deleite*. E os dois me chamaram, acho que muito pela questão da comédia. Eu tinha feito um personagem de comédia na televisão, que tinha dado certo, e depois no teatro também. A Marília viu a peça e gostou, então eles me chamaram. Quando eu e a Camila fomos ler a peça juntos, eles também gostaram muito, disseram que tinha sido muito bom, e eu fiquei muito entusiasmado com o projeto, primeiro por ser a Marília. Acho que a primeira coisa que conta é ter um bom diretor, é quando você aprende à beça. E eu queria muito trabalhar com ela; a gente já tinha tentado trabalhar juntos em outros projetos. E eu também gostei muito da oportunidade que o texto te dá, do exercício do ator, essa coisa de cantar e dançar. Isso me deu um pouquinho de medo.

CE — Como foi lidar com esse medo? Vocês tiveram de fazer aula de canto e de dança, não é? E até tiveram mais tempo porque as agendas dos três não estavam batendo. Como é que foi essa preparação?

RG — Medo, eu acho, que todo mundo tem. Mas meu medo nunca me boicota. Eu nunca deixo que meu medo seja maior do que o desafio, do que a minha vontade de aprender. Então, toda vez que eu recebo um convite que acho ousado, ou que acho que vá mexer com os meus limites, eu tenho medo, é claro, eu me pergunto se dou conta, mas penso que vou sair dali muito melhor com essa experiência. Na hora eu aceitei, foi aquela coisa incrível. Mas aí depois caiu a ficha. Eu pensei: "Eu sou muito cara de pau. Eu nunca cantei, nunca dancei..." Mas a gente conversou porque eu estava fazendo novela e não daria para ensaiar logo. Então combinamos de ficar fazendo aula de canto e de dança, e ficamos assim por oito meses, pra depois começar os ensaios. E esse momento foi muito bom porque era de aproximação entre a gente. A Marília fazia aula de balé com a gente. Fazíamos aula três vezes por semana, de noite. Foi muito bom. Foi ótimo passar por isso.

CE — Ela te contava da primeira montagem da peça? Você agora falou das aulas e a primeira montagem surgiu meio assim, informalmente, de encontros de amigos. Depois, para ensaiar, tanto a Marília quanto o Marco Nanini estavam em outras peças, então eles ensaiavam tarde da noite. De início, as sessões eram à meia-noite...

RG — Ela contava da montagem, mas também de muitas coisas da experiência dela, não só com o *Deleite*. A gente conversava muito sobre muitas coisas. Uma coisa que me lembro é de ela falar muito desse comprometimento que eles tinham. Eram dois atores de teatro, despontando, e eles tinham esse compromisso muito forte. Ela falava do palco como o lugar onde ela podia exercer toda a sua força. O palco era ali, o lugar onde se podia tudo, ela se sentia muito poderosa, sabia que ali estava com muita força. E a Marília sempre passou isso pra gente, dessa paixão, mais que paixão, dessa necessidade do palco. Acho que ela não contou muitos detalhes da peça. Era mais uma coisa geral. Os textos eram diferentes, os tempos são outros, o público muda. Sabe que tem quadros que são os mesmos, mas que têm recepção diferente do público? Às vezes, acho que o público encaretou. O quadro do sorvete na primeira montagem era viável, era engraçado. Mas hoje vejo que tem um monte de gente que fica chocada. Às vezes, vejo que tem alguém constrangido na plateia, ou até vê algum amigo falar que acha muito picante. E naquela época, parece que não. Eu fico muito curioso para ver como era, mas ninguém tem uma fita gravada. As fotos são ótimas.

CE — E como foi então encarar esse desafio? Para a Camila, por exemplo, acho que pode ter sido diferente porque ela já vinha do teatro.

RG — Eu não sou completamente cru no teatro. Não vim do teatro, mas tenho nove anos nessa profissão. Acho que isso não é nada, essa é uma profissão que exige uma bagagem. Eu não tive escola nenhuma, fui aprendendo tudo na prática. Tem horas em que acho que é uma pena que eu não tenha estudado Artes Cênicas — eu fiz Direito —, mas também acho que se aprende muito na prática. Eu fiz seis peças, tive bons diretores, nesse sentido, tive sorte, trabalhei com muita gente boa. E acho que o Brasil é muito carente de boas escolas. Não é como nos Estados Unidos, por exemplo, onde há vários cursos para o ator já formado, cursos para se desenvolver, pesquisar...

CE — Nessa mudança de público, como você vê a expectativa da plateia com os atores?

RG — É, o contexto social mudou muito. A internet, a dinâmica das pessoas... Tudo é meio *clippado*. As pessoas não têm mais muita paciência. Até no cinema, a gente não vê mais aqueles filmes antigos, bem diferentes. Hoje a edição dos filmes é super-rápida. Não se faz mais um filme como *Cantando na chuva*. Não sei muito como isso fica diferente para o ator de teatro, mas tenho certeza de que existe uma diferença. Na época da Marília era diferente. Hoje as pessoas têm pouca tolerância com essa coisa das esquetes. Vejo gente dizendo que isso é muito anos 80. Não sei dizer exatamente quais foram as mudanças e como isso afeta a gente.

CE — Como é que você leva isso de chegar no palco e pensar: "Tem um monte de gente que veio aqui para me ver, o Gianecchini, porque sou ator de televisão, fui modelo, e não porque estou fazendo uma peça"?

RG — Tudo bem. Ótimo. Isso não me deixa desanimado. Eu acredito no que estou oferecendo. A gente nunca sobe no palco achando que não está oferecendo uma coisa boa. Eu convido o público a vir se divertir com a gente. Agora se as pessoas vieram porque me acham bonito, porque querem me ver, tudo bem, seja lá qual for o motivo. Elas estão ali. E minha função é fazer o melhor trabalho para elas. Seja qual for o motivo para vir ao teatro, mas venham. Nem sempre é fácil as pessoas virem ao teatro; o motivo que for, está valendo. E sabe o que eu acho? Ok, tem muita mulher que vem...

CE — Vocês até brincam com isso na peça, que as cadeiras na frente do palco do seu lado do camarim são as primeiras a serem vendidas...

RG — É, tem gente que assobia... Mas acho que elas vêm assim, mas acabam deparando com outras coisas. Tem a Camila, que faz um trabalho belíssimo. Não importa, as pessoas vêm por um motivo e deparam com um espetáculo que pode surpreender. Então está valendo. Mas tem isso, a televisão chama público, ela te deixa popular. Mas quando você faz um trabalho bonito no palco, dá certo. Tem sucessos no teatro de pessoas que não são conhecidas do grande público. É difícil, é raro. Mas acontece. Tem sucessos que ficam anos no teatro. Tudo bem, ator popular leva público. Mas os bons atores podem dar certo.

CE — Então essa não é uma preocupação sua?

RG — Não, não é. Ninguém tem que ficar pedindo desculpas porque é popular, porque faz sucesso. Tem coisas que já estão feitas, não vou ficar me martirizando, tenho que fazer disso algo que agregue a mim. Meu compromisso é não deitar na fama, pensar: "Agora que fiz televisão, estou com a vida ganha." Não é assim. Venho aqui para o teatro com o maior respeito pelo público, pelas pessoas que estão ali.

CE — E dentro desse desafio todo, desse compromisso, que personagens foram os mais difíceis?

RG — Acho que os personagens que me deram mais trabalho, que foram mais difíceis de achar o tom, foram os que têm mais retorno, os que fazem mais sucesso hoje. A Mariângela, teve uma hora em que eu estava quase desistindo. Eu me dizia: "Eu não sei que mulher é essa." Eu nunca quis fazer uma caricata. Eu queria achar uma mulher mesmo, de verdade. Mas a gama era muito grande, podia ser uma mulher muito doida, ou uma mulher muito séria, falando aquelas barbaridades, ou uma mulher bagaceira... Eu tive que optar por uma que parecesse de verdade. E o outro desafio foram os velhos. Não são só velhos. Ele não tem uma perna, então não anda direito, eles trocaram as dentaduras, então tem que estar falando assim-assim, e ele fala latim o tempo todo... E a Marília não queria o *velhinho* da caricatura, foi muito difícil de achar. Mas achei foram os dois que mais fluíram depois. São os dois personagens em que mais eu tenho resposta do público. Todos são difíceis na verdade. Quando eu comecei, o que eu tinha mais medo era o cantor de ópera. Mas aí o medo foi diminuindo. Nós também não temos que ser cantores, temos que saber cantar para aquela cena, da galhofa. Mas cantar ainda é algo que eu tenho que melhorar muito. Para a peça aprendi o suficiente para me virar e fazer direitinho. Mas até hoje eu faço aula de canto.

CE — Por quanto tempo vocês ensaiaram?

RG — Começamos a pegar o ritmo em dezembro, daí os ensaios foram mesmo em janeiro e fevereiro. E antes tinha as aulas e algumas leituras. Mas o processo todo foi muito feliz. Todo processo criativo é meio doloroso, expõe suas limitações, tem os momentos de euforia, mas depois você encontra um limite, se questiona se sabe fazer. Faz parte do processo criativo. Às vezes, você acha que tem uma coisa que não está funcionando muito...

CE — E você acha que isso tem a ver também com a vaidade do ator, que é outro assunto abordado na peça, aliás?

RG — Pode ser. Porque o ator tem essa grande necessidade de ser amado. Só isso justifica a gente subir no palco e se expor daquela maneira. A gente quer amor, na verdade. A gente quer ser amado. Estou falando do meu caso, mas acho que deve ser assim com todo mundo: eu tenho vontade de causar sensações nas pessoas. Isso pode ser tão avassalador, no cinema, no teatro, você é movido por aquela história. Eu adoro sair de uma peça, de um filme, emocionado. Ou quando eu consigo rir, quando os atores me passam uma alegria. E eu penso que eu quero fazer isso com as pessoas. Acho que isso é que é a arte, essa é a beleza da profissão. Também tem uma necessidade de ser amado, mas eu não penso todo dia: "Ai, eu quero ser amado." Eu todo dia, antes da peça, tenho uma conversa virtual com o público: "Poxa, vamos trocar uma energia porque eu estou muito a fim de dar o meu melhor para vocês e espero que vocês também, porque assim no final do dia a gente vai sair daqui muito feliz." É o que acontece. Teatro pra mim é um misto de sensações incríveis. Todo dia você chega ao teatro um pouco cansado porque já é fim do dia, já passou o dia todo, às vezes, você trabalhou em alguma outra coisa, você já está com as energias mais arriadas. A gente chega três horas antes para se preparar. Aí você se diz: "Tenho que me animar, tenho que me animar, tenho que animar." E, de repente, você começa a se questionar se o espetáculo vai ser bom, se todo mundo vai gostar, se alguém vai esquecer alguma coisa, se alguém vai querer tacar um ovo na gente... Você começa a questionar um monte de coisa. Daí, antes de entrar no palco, o barulhinho da plateia já te alimenta, já te causa uma coisa. E quando você começa a fazer, aquilo vai te alimentando, é incrível, você vai se alimentando daquela energia, e aí você termina a peça jurando que aquilo é a melhor coisa do mundo. "Como é que eu pude vir com preguiça para cá?" E no dia seguinte pode ser a mesma coisa.

CE — Como é que essa montanha-russa se compara com a do ensaio?

RG — No processo do ensaio é ainda pior. Na criação, você não tem aquela resposta, e você pode testar tudo. Você testa um monte de coisas erradas. Você ainda não sabe o que é. No palco, a gente já chegou a uma conclusão de que a coisa é assim, não tem muito mais conflito. Às vezes, a gente mexe um pouco, melhora, mas não é como no processo criativo. Não é esse teste, que às vezes expõe suas inseguranças. Nos ensaios, teve dias em que a gente saía feliz da vida, e tinha dias em que a gente se perguntava: "Será que está valendo a pena? Será que está sendo bom? Será que o público vai gostar? Será que eu sei fazer?" Mas com esses questionamentos nossa convivência foi gostosa, foi de muito prazer mesmo, de ver a coisa surgindo. E alguns momentos bem difíceis mesmo.

CE — E desse processo todo o que você aprendeu, o que você está levando?

RG — É tanta coisa, que é até difícil dizer. Às vezes, tenho a impressão de que as fichas vão caindo ao longo do tempo. De vez em quando me vem mais uma coisa. Mas algo que me vem é que esta é a primeira vez que eu tive contato com aquela coisa de que o ator precisa muito trabalhar, com seu instrumento de trabalho, a voz e o corpo. Eu já sabia, essa é uma coisa batida, é óbvia. Mas nessa peça, pela primeira vez, precisei muito ter consciência disso. Em outras peças, eu tinha que estar preparado, mas não era como aqui. Acho que nessa eu desenvolvi mais recursos como ator. E isso é algo que eu adquiri para a minha vida, uma consciência de que tenho de desenvolver meus recursos. E isso a gente aprende fazendo aula, de tudo, não só de canto e de dança. Eu trabalho com a técnica Alexander, que é uma coisa de consciência corporal; eu procurei uma fonoaudióloga, para me ajudar a escolher como eu quero trabalhar minha voz. A peça despertou em mim a necessidade de consciência do aparelho do meu corpo. Mas o teatro sempre te dá muita consciência. O retorno é na hora, você sabe na hora se está ou se não está agradando. Isso é bonito. E nessa peça a gente brinca muito com a fantasia, muitos personagens, muda de figurino, muda de voz, muda de corpo, então ela traz a essência mesmo do teatro.

CE — E do outro lado, o que você acha que o teatro leva para as pessoas? O que você pretende levar para essa peça e com essa peça?

RG — O teatro é um território incrível, onde muito pode acontecer. E as pessoas estão lá para receber, para serem atingidas pelo teatro. Isso fica marcado. Eu acho que as pessoas vão ao teatro para alimentar a alma. A televisão também pode dar isso, mas talvez não se preocupe tanto com o artístico, no sentido de aprofundar o que faz. No teatro, como é menos como essa coisa da massa da televisão, então não tem que ser tão mastigadinho, pode-se aprofundar mais, a gente pode brincar mais com a linguagem. Eu não tenho preconceito nenhum com televisão, mas a tevê tem esse compromisso de ser fácil para a massa. Ao mesmo tempo, eu acho que o teatro tem que se comunicar também. Já fiz peça que eu amava, mas sem comunicação com a plateia, eu achava que só eu amava. Acho que o veículo teatro tem dessas coisas. Mas em geral a arte, seja na televisão, no cinema ou no teatro é para isso, para a gente se alimentar. Pode ser para se divertir, dar uma risada, ou saciar e tocar alguma coisa no seu espírito para você pensar ou sonhar. Talvez no teatro, pela presença, pela troca ao vivo, a coisa seja muito forte. E, por isso, tudo tem que estar muito inteiro, tudo tem que estar funcionando, o corpo, a voz, não tem segunda chance. Quanto ao que eu levo para a peça, gostaria que fosse essa energia, essa alegria, para brincar, para que o público possa brincar junto. Acho que eu e a Camila temos conseguido muito, estamos sendo fiéis ao espírito da peça.

*O texto deste livro foi composto em Sabon,
desenho tipográfico de Jan Tschichold de 1964
baseado nos estudos de Claude Garamond e
Jacques Sabon no século XVI, em corpo 11/15.
Para títulos e destaques, foi utilizada a tipografia
Frutiger, desenhada por Adrian Frutiger em 1975.*

*A impressão se deu sobre papel off-white 80g/m²
pelo Sistema Cameron da Divisão Gráfica
da Distribuidora Record.*

Seja um Leitor Preferencial Record
e receba informações sobre nossos lançamentos.
Escreva para
RP Record
Caixa Postal 23.052
Rio de Janeiro, RJ – CEP 20922-970
dando seu nome e endereço
e tenha acesso a nossas ofertas especiais.

Válido somente no Brasil.

Ou visite a nossa *home page*:
http://www.record.com.br